Verantwortungssouveränität

Verantwortungs-
souveränität

Unternehmensethik heute

Von Prof. Dr. Pater Albert Ziegler

JOSEF SCHMIDT VERLAG
Eduard-Bayerlein-Str. 5
Postfach 10 11 62
W-8580 Bayreuth
Tel. 09 21/80 90 · Fax 09 21/8 09 34

ISBN 3-926 258-13-6

1. Auflage, 1992

Verlag: Josef Schmidt Verlag, W-8580 Bayreuth
Bildnachweis: Titel · Tony Stone Worldwide Bildagentur
Satz: Teamsatz, Neudrossenfeld
Gesamtherstellung: Ebner Ulm

Inhaltsverzeichnis

Was ist Unternehmensethik?

Vorwort

Da erscheint eine Buchreihe, zumal für Unternehmerinnen und Unternehmer. Sie trägt den Titel „Souveränität“. Aus verschiedenen Gesichtswinkeln soll betrachtet und bedacht werden, was einer Unternehmerin oder einem Unternehmer heute Souveränität verleiht und dadurch die Möglichkeit zum Erfolg gibt. In dieser Reihe erscheint auch ein Band über „Verantwortungssouveränität“. Es geht dabei um die Fragen der Unternehmensethik.

Von Verantwortungssouveränität soll also die Rede sein. Es versteht sich leicht, daß man in diesem Zusammenhang auch den Wortgebrauch und damit das Wort „Verantwortungssouveränität“ verantworten muß. Man verantwortet ein Wort, indem man darüber Auskunft gibt, woher es stammt, welche Bedeutung es besitzt und in welchem Sinne es Verwendung findet. Ist es daher in diesem Sinne berechtigt, überhaupt von „Verantwortungssouveränität“ zu reden?

Das Wort „Souveränität“ begegnet uns im deutschen Sprachgebiet zum ersten Mal 1609. Es bedeutet das gleiche wie das französische „souverainité“. Zunächst hat das Fremdwort eine rein *politische* Bedeutung. Souveränität besagt „unumschränkte Herrschaft, Unabhängigkeit“. In der Demokratie besagt es „das Recht auf Selbstbestimmung“.

Seit der Mitte des 19. Jahrhunderts gewinnt das Wort eine allgemeinere, auch über den politischen Bereich hinausreichende Bedeutung. Jetzt heißt Souveränität ganz *allgemein* „Überlegenheit, Selbstsicherheit".

Noch klarer tritt die Wortbedeutung im entsprechenden Eigenschaftswort „souverän" zutage. Im Hintergrund steht das mittellateinische Eigenschaftswort „superanus". Es heißt wörtlich: „darüber befindlich, überlegen". Dieses Wort setzte sich im französischen Wort „souverain" fort. 1643 erscheint das französische Wort als Fremdwort auch im Deutschen.

Auch das Eigenschaftswort hat zunächst eine rein politische Bedeutung. Es besagt: „unabhängig, allein herrschend; die staatlichen Hoheitsrechte uneingeschränkt ausübend." Seit dem späteren 18. Jahrhundert wird das Wort auch auf das Volk bezogen. Das Volk wird zum Souverän.

Zur gleichen Zeit – und damit fast hundert Jahre früher als das Hauptwort „Souveränität" – gewinnt das Wort auch allgemeinere Bedeutung im Sinne von „überlegen, gekonnt". Mehr und mehr heißt „souverän": „jeder Situation gewachsen, überlegen" (1).

Die letzte Bedeutung ist für uns maßgebend. „Unternehmersouveränität" besagt „Überlegenheit, Selbstsicherheit". Ein Unternehmen besitzt in dem Maße Souveränität, als die Unternehmerin oder der Unternehmer deswegen „überlegen" sind, weil sie sich „jeder Situation gewachsen" zeigen. Halten wir darum fest:

Souveränität ist die Überlegenheit, die sich daraus ergibt, daß man jeder Situation gewachsen ist.

Wessen bedarf es, damit ein Unternehmen Souveränität besitzt und sich jeder Situation gewachsen zeigt? Das ist die Grundfrage der ganzen Buchreihe. In verschiedenen Beiträgen werden Fähigkeiten aufgezeigt, die einer Unternehmerin oder einem Unternehmer helfen, überlegen und damit auch schwierigen Lagen gewachsen zu sein. Ohne Zweifel gehört zu diesen Fähigkeiten auch die Fähigkeit, Verantwortung zu übernehmen und Verantwortung zu tragen. Die Überlegenheit eines Menschen erweist sich nicht zuletzt in seiner Fähigkeit zur Verantwortung.

Was aber besagt Verantwortung genauer? Das ist die Grundfrage der Ethik. Denn Ethik ist im Grunde die Lehre der Verantwortung. Die Frage ist grundlegend nicht nur für das eigene Leben, sondern auch für das Unternehmen. Deshalb erscheint in der Buchreihe über Unternehmersouveränität mit Recht auch ein Bändchen über Verantwortungssouveränität.

Das Buch wirft die *Grundfragen* einer Unternehmensethik auf. In einem zweiten Bändchen soll - als Probe aufs Exempel - an Einzelfragen geprüft werden, ob sich die Unternehmensethik auch im Alltag und im Einzelfall bewährt.

Damit ist bereits angedeutet, daß es in diesem Band nicht um eine wissenschaftliche Veröffentlichung geht. Gewiß soll, was gesagt wird, auch wissenschaftlich verantwortbar sein. Ob und wieweit das der Fall ist, vermag der Kenner leicht auszumachen. Aber der Zweck ist nicht eine wissenschaftliche Erörterung. Vielmehr sollen Entscheidungshilfen für die unternehmerische Praxis geboten werden. Ob und inwieweit dies der Fall ist, können nur jene sagen, die tagtäglich den schwierigen und verwickelten Fragen der unternehmerischen Verantwortung nachgehen.

Praxisbezogen stellt das Büchlein keine wissenschaftlichen Ansprüche. Aber es bemüht sich um einigermaßen klare Begriffe. Manchen mag dies schulmeisterlich erscheinen. Doch in einer Zeit, in der so viel geredet und so wenig gesagt wird, in der so viel um den Brei herum geredet wird und so vieles im unverbindlich Ungefähren bleibt, ist das Bemühen um die Klarheit der Begriffe und die Deutlichkeit der Aussagen dringend geboten. Ohne die Klarheit der Begriffe werden die Ausdrücke zu bloßen Worthülsen, in die jeder hineinpackt, was er will. Aus der Rede wird Gerede. Aus Gerede wird Geschwätz. Wir leben in einer geschwätzigen Zeit. Es wäre besser, die Zeit wäre redlicher. Deshalb können wir uns die Anstrengungen der Begriffe nicht ersparen. Es wird also der geneigten Leserin und dem geneigten Leser eine gewisse Anstrengung zugemutet. Zu dieser Anstrengung gehört, daß im Zweifelsfall die bessere Darstellung für das Auge der leichteren Lesbarkeit für das Ohr vorgezogen wird.

Ich hoffe, damit den Lesern einen Dienst zu erweisen. Wem dies freilich zu schulmeisterlich vorkommt, der möge ruhig weiterblättern. Weiter hinten im Büchlein wird es praktischer und wohl auch interessanter. Im übrigen weiß ich, was ich den Frauen und Männern zumute, die nach getaner Arbeit nach dem Band greifen und nicht unbedingt gewillt sind, sich durch das Buch auch noch einmal durchzuarbeiten. Allein, es steckt auch viel Arbeit und das Nachdenken mancher Jahre auf den folgenden Seiten.

Gewidmet sei dieser Band den Frauen und Männern, die Tag für Tag - leitend und führend - unternehmerisch tätig sind, und die sich fragen, ob, was sie tun, auch zum größeren Glück auf Erden beiträgt.

Einer dieser Menschen, die glücklich sein wollen und sich unablässig bemühen, auch anderen zum Glück zu verhelfen, ist Josef Schmidt. „Freude ist die vollendetste Form der Dankbarkeit.“ So drückt er es aus. Ich freue mich, ihm danken zu dürfen. Mein altbewährter Freund hat mich bewogen, das Buch in dieser Form herauszugeben. Ohne sein sanftes, aber unablässiges Drängen wäre es - wie so vieles andere - nicht erschienen. Ihm sei daher - vor allen anderen - herzlich gedankt.

Einleitung

Von Wirtschafts- und Unternehmensethik ist heute viel die Rede. Das ist eine Tatsache. Sie ist leicht zu belegen und darum nicht zu bestreiten. Allein, wie läßt sich die Tatsache, daß gegenwärtig so viel über Wirtschafts- und Unternehmensethik geredet und geschrieben wird, erklären? Darüber gehen die Meinungen auseinander.

Wer sich um die Klärung der Tatsachen bemüht, ist gut beraten, wenn er die Frage in einen größeren Zusammenhang stellt. Erst aus dem größeren Zusammenhang wird klar, ob Unternehmensethik mehr ist als nur eine zwar große, aber bald vorübergehende Mode.

Der größere Zusammenhang läßt uns fragen,

□ wie es denn geschichtlich zur heutigen Unternehmensethik kommt,

□ was sie grundsätzlich ist,

□ welchen Nutzen Unternehmensethik zur Folge hat oder haben könnte.

Diese Fragen lassen sich am besten in folgender Reihenfolge einer Antwort zuführen:

□ Die einleitende *Vorfrage* lautet: Warum wird heute so viel von Unternehmensethik gesprochen und geschrieben?

□ Eine die Vorfrage vorläufig klärende Antwort führt zu den drei *Hauptfragen*:

1. Wie kommt es geschichtlich zur heutigen Unternehmensethik?
2. Was ist Unternehmensethik?
3. Was folgt (an Nutzen) aus der Unternehmensethik?

□ Die drei Hauptfragen münden in die Schlußfrage: Wie soll es mit der Unternehmensethik weitergehen?

Die Vorfrage:

Warum wird heute so viel von Unternehmensethik gesprochen und geschrieben?

Die Meinungen gehen weit auseinander. Im Vordergrund stehen drei Erklärungsansätze. Sie werden so oft vorgetragen, daß sie nicht zu übersehen sind. Aber sie können die Tatsache, daß heute so viel von Unternehmensethik die Rede ist, nicht genügend erklären. Deswegen muß man auch den Hintergrund der Frage auszuleuchten versuchen. Im Hintergrund steht das Bedürfnis des Unternehmens, sich heute zu orientieren.

I. Drei vordergründige Erklärungsversuche (2)

Ein erster Grund könnte die *Mode* sein. - Dieser Erklärungsversuch besagt: Nicht nur in der Kleidung gibt es eine gerade herrschende Richtung, sondern auch in weiteren Belangen der Gesellschaft. So ist denn gegenwärtig Wirtschafts- und Unternehmensethik große Mode; und es gehört allein schon deswegen zum guten Ton, davon zu reden. Man geht mit der Zeit und trägt ein schikkes unternehmensethisches Kleid. Es steht einem gut. Man kann sich damit in der Öffentlichkeit sehen lassen.

Kurzum: Man betreibt Unternehmensethik, weil man dem Gesetz der Mode folgt, vielleicht sogar sich dem Diktat der Mode widerwillig beugt.

Ein zweiter Grund, der Unternehmensethik das Wort zu reden, ist dem ersten verwandt. - Nach dieser Ansicht betreibt man Unternehmensethik zwar nicht, weil es die Mode launisch verlangt, wohl aber weil es Öffentlichkeit und Kundschaft gebieterisch fordern. Wer von dieser Überlegung ausgeht, sagt sich nämlich:

(1) Da ist zum einen die *Öffentlichkeit*. Nun ist es nicht zu bestreiten, daß die Öffentlichkeit vermehrt ein ethisches Verhalten verlangt. Man ist klug beraten, diesem öffentlichen Verlangen Rechnung zu tragen. So gesehen, ist Ethik in der Wirtschaft und im Unternehmen der Antwortversuch auf die Frage: Wie muß ich mich wirtschaftlich und unternehmerisch verhalten,

damit ich in der Öffentlichkeit gut dastehe und in den Massenmedien, welche die Öffentlichkeit vertreten, gut wegkomme? Es geht mithin um eine Wirtschaftsethik vor dem Richterstuhl eines Fernsehstudios.

(2) Da ist zum andern die verehrliche *Kundschaft*. Angefeuert durch Konsumentenverbände, verlangt sie ihrerseits ein ethisch einwandfreies unternehmerisches Gebaren. Diesem Käuferbedürfnis Rechnung tragend, nimmt man auch den Artikel Ethik in das Sortiment auf. Derart nimmt man Unternehmensethik ernst als Forderung der Konsumentenverbände. Kurzum: Ethik wird gefordert.

Ethik kann man aber auch anbieten. So bietet man, um einen Wettbewerbsvorteil zu haben, den Käufern einen Zusatznutzen an. Mehr denn je muß man sich am Markt orientieren und darum Marketing betreiben. Nun zeigt die Marktforschung, daß der Markt auf den Zusatznutzen Ethik besonders gut anspricht. Daher wäre man unklug, reihte man nicht auch Unternehmensethik in die verschiedenen Marketing-Maßnahmen ein. Deshalb verficht man Unternehmensethik, weil sie heute zu einem erfolgreichen Marketing gehört.

Ob es nun die Öffentlichkeit, die Massenmedien, die Konsumentenverbände oder der Markt sind, die Unternehmensethik heischen: in jedem Fall kümmert man sich um Unternehmensethik, weil es die andern verlangen. Es geht um eine von außen her geforderte und damit fremdbestimmte Unternehmensethik. Ob man der Mode folgend oder der Öffentlichkeit nachgebend Unternehmensethik aufgreift: in beiden Fällen tut man es aus äußeren Gründen.

Manche Zeitkritikerinnen und Zeitkritiker glauben, mit diesen beiden Gründen die Tatsache, daß gegenwärtig häufig von Wirtschafts- und Unternehmensethik die Rede ist, hinreichend geklärt zu haben. Mit ihrer kritischen Haltung, die alles kritisiert, nur nicht sich selbst, trauen sie einem Unternehmer oder einer Unternehmerin alles zu - nur nicht, daß diese auch aus inneren Gründen die Frage der Wirtschaftsethik aufgreifen.

Demgegenüber empfiehlt sich davon auszugehen, daß längst nicht alle Unternehmerinnen und Unternehmer ethische Trittbrettfahrer und gesellschaftliche Mitläufer sind. Nicht wenige Unternehmerinnen und Unternehmer haben ihre Gewissenhaftigkeit und ihre ethische Grundeinstellung mit in das Unternehmen genommen und versuchen, tagtäglich entsprechend zu handeln und zu leben.

Mehr noch: Sie bringen nicht nur eine ethische Grundeinstellung in das Unternehmen hinein. Vielmehr fordert sie das Unternehmen mit seinen schwierigen Abwägungsfragen auch zu ethischen Überlegungen heraus. Das heutige Unternehmen wird für sie zur großen ethischen Herausforderung.

Mit anderen Worten: Es gibt einen dritten Grund, der die Tatsache erklärt, daß heute Wirtschafts- und Unternehmensethik im Gespräch ist. Er liegt in der *inneren Überzeugung* der Unternehmerinnen und Unternehmer. Das schließt keineswegs aus, daß solche Unternehmer den ethischen Modetrend wahrnehmen und sich auch von der öffentlichen Meinung, den Wünschen der Kundschaft und den Bedürfnissen des Marktes beeinflussen lassen. Nicht einmal ökonomische Nützlichkeitserwägungen sind ausgeschlossen. Sonst wäre man kein Unternehmer.

Allein, der eigentliche Beweggrund liegt tiefer. Man denkt einer Wirtschafts- und Unternehmensethik nach, weil es einem inneren Bedürfnis und einer persönlichen Notwendigkeit entspricht. Für eine solche innerlich begründete Wirtschafts- und Unternehmensethik lassen sich unter anderem *drei Gründe* namhaft machen.

(1) Zunächst ist an den sogenannten *Wertewandel* zu denken. - Auch wer keinen Zusammenbruch und Verlust herkömmlicher Werte und Wertvorstellungen befürchtet, stellt einen vielfachen und tiefgreifenden Wandel von Werten und Wertvorstellungen fest. Man denke nur an den Wandel im Arbeitsverständnis und in der Einstellung gegenüber Werten wie Fleiß, Pflichterfüllung und Ordnung.

Jeder Wertewandel bedeutet jedoch einen Verlust an bisheriger und damit ein Bedürfnis nach neuer Orientierung. Zwar sind wir keineswegs orientierungslos geworden. Aber ebenso unbezweifelbar ist das Bedürfnis nach Orientierung gestiegen. „Was gilt überhaupt noch?" lautet die entsprechende Frage.

Nun ist es die Aufgabe der Ethik, Orientierungshilfen anzubieten. Ohne die persönliche Gewissensentscheidung ersetzen zu wollen noch zu können, stellt sie dafür Entscheidungshilfen bereit. Begreiflich, daß mit dem wachsenden Bedürfnis nach wertmäßiger Orientierung das Bedürfnis auch nach Ethik gestiegen ist. *Ethik ist ganz allgemein gefragt.*

(2) Sodann ist daran zu erinnern, daß in unserer Gesellschaft die *Wirtschaft* an Bedeutung zugenommen hat und weiter zunimmt. Mehr und mehr Bereiche unseres gesellschaftlichen Lebens geraten unter einen wachsenden Einfluß der Wirtschaft. Gesellschaftspolitik ist zu einem erheblichen Teil Wirtschaftspolitik geworden.

Das erklärt, daß innerhalb des Bedürfnisses nach Ethik ein besonderes Bedürfnis nach Wirtschaftsethik besteht. Wie müssen wir wirtschaften, damit der Planet nicht binnen kurzem ausgeplündert ist? Nicht nur Ethik im allgemeinen, sondern auch und gerade *Wirtschaftsethik ist gefragt.*

(3) Zum dritten ist darauf hinzuweisen, daß der eigentliche Träger der Wirtschaft die einzelnen *Unternehmen* sind. Hier werden die Produkte hergestellt. Von hier aus müssen sie auf den Markt gebracht und den Haushalten zur Verfügung gestellt werden.

In den Unternehmen werden aber nicht nur wirtschaftliche Werte geschaffen. Unternehmen können auch Umweltschäden verursachen. Auch sind gewisse Unternehmen in Umweltskandale verwickelt worden. Oder man denke bei den Bankunternehmen an die Fragen der Geldwäscherei und des Bankgeheimnisses. Solche und ähnliche Fragen machen deutlich, daß innerhalb der Wirtschaftsethik der Unternehmensethik ein besonderes Augenmerk gilt. *Unternehmensethik ist gefragt.*

Kurzum: Es bestehen durchaus Gründe dafür, daß für manche Wirtschaftsleute und Unternehmer die Wirtschafts- und Unternehmensethik ein persönliches Anliegen ist. Sie schenken der Unternehmensethik nicht nur Aufmerksamkeit, weil es von außen her gefordert wird oder weil Nützlichkeitsüberlegungen es nahelegen. Vielmehr sind sie innerlich davon überzeugt, auch ein Unternehmen müsse auf verpflichtenden Werten beruhen. Eine *innerlich begründete Unternehmensethik ist gefragt.*

Warum also wird heute so viel von Unternehmensethik geredet und geschrieben? Man mag die Tatsache verschieden erklären. Wer aber bereit ist, unbefangen mit Menschen, die im Bereich der Wirtschaft Verantwortung tragen, umzugehen, wird die Erfahrung machen: Es gibt Unternehmerinnen und Unternehmer, denen Unternehmensethik persönlich am Herzen liegt.

Was aber ist der Grund, der ihnen die Unternehmensethik ans Herz legt?

II. Hintergründig: Orientierungsbedürfnisse der Unternehmer

Warum kommen manche Unternehmer von sich aus auf Fragen der Unternehmensethik? Das ist die hintergründige Frage. Die Antwort lautet: Vermehrt suchen Unternehmer nach Orientierung für ihr Unternehmen, aber auch für ihr eigenes berufliches und privates Leben. Bei der Suche nach Orientierung erwarten sie von der Unternehmensethik Orientierungshilfen. Im Zusammenhang mit dieser Orientierungssuche tauchen Begriffe auf wie Unternehmenskultur, Unternehmensphilosophie und eben auch Unternehmensethik. Unsicher geworden, will man wissen, wer man ist, was einen prägt und wodurch man sich von den anderen unterscheidet. Drei Gedankenschritte können dies verdeutlichen:

1. Unternehmenskultur, Unternehmensphilosophie und Unternehmensethik tauchen auf.

Die Frage nach Unternehmenskultur, Unternehmensphilosophie und Unternehmensethik hat mit der Selbstvergewisserung eines Unternehmens zu tun.

Daher taucht die Frage vor allem in Zeiten innerer oder äußerer Unsicherheit auf.

Für den Kapitän, der den Hafen nicht kennt, den er anzulaufen hat, kommen alle Winde aus der falschen Richtung. Diesen Satz hört man heute oft. Das muß Gründe haben. Der tiefere Grund ist: Wir sind als Menschen allgemein, aber auch als Menschen im Unternehmen unsicher geworden und suchen Sicherheit. Was besagt dies im einzelnen?

(1) Jeder Mensch fragt sich lebenslänglich: Wer bin ich? Was will ich? Wo komme ich her, wo will ich hin? Nach *Kant* ist der Mensch das Wesen, das zeitlebens von vier Fragen umgetrieben wird. Es sind die Fragen: Was kann ich wissen (Philosophie)? Was soll ich tun (Ethik)? Was darf ich hoffen (Religion)? Diese drei Fragen münden in eine vierte und abschließende: Was ist der Mensch; wer bin ich selbst? (3)

(2) So sehr wir uns derart ein Leben lang fragen, so bleibt doch die allermeiste Zeit dieses Fragen eher *unbewußt*. Es bleibt unausdrücklich. Es geschieht stillschweigend. Diese Fragen begleiten uns einfach. Aber sie werden nicht zu einem eigentlichen Thema.

(3) Doch von Zeit zu Zeit drängt sich die Frage unausweichlich ins Bewußtsein und verlangt eindrücklich eine *ausdrückliche* Antwort:

Da war das *Trotzalter*. - Bei vielen Kindern drängt sich die Frage vor: Bin ich wirklich das Kind meiner Eltern oder haben mich nicht vielleicht Zigeuner geraubt, so daß mein Vater ein König und meine Mutter eine Prinzessin wäre?

Dann kommt die *Pubertät*. - *Erich Kästner* denkt darüber nach „Beim Anblick der Photographie eines Konfirmanden“:

„Da steht er nun, als Mann verkleidet
und kommt sich nicht geheuer vor.
Fast sieht er aus, als ob er leidet.
Er ahnt vielleicht, was er verlor.

Er trägt die erste lange Hose.
Er spürt das erste steife Hemd.
Er macht die erste falsche Pose.
Zum ersten Mal ist er sich fremd.

Er hört sein Herz mit Hämmern pochen.
Er steht und fühlt, daß gar nichts sitzt.
Die Zukunft liegt ihm in den Knochen.
Er sieht so aus, als hätt's geblitzt.

Womöglich kann man noch genauer
erklären, was den Jungen quält:
Die Kindheit starb; nun trägt er Trauer
und hat den Anzug schwarz gewählt.

Er steht dazwischen und daneben.
Er ist nicht groß. Er ist nicht klein.
Was nun beginnt, nennt man das Leben.
Und morgen früh tritt er hinein."

Später überfällt uns die bekannte *midlife-crisis*, die vor einigen Jahren tüchtige Psychologen entdeckt und nicht weniger tüchtige Journalisten vermarktet haben. – Die Kinder sind bereits aus dem Haus. Die berufliche Karriere ist oben angelangt. Wie geht es weiter?

Noch einmal später kommt die *Pensionierung*. – Nun geht auch die berufliche Laufbahn zu Ende. Wer bin ich jetzt, da die Kinder außer Haus sind und ich wieder zu Hause bleibe, weil der berufliche Weg sein Ende erreicht hat?

(4) Was sich im Leben eines einzelnen Menschen zuträgt, geschieht in ähnlicher Weise *auch im Leben eines Unternehmens*. Nicht umsonst spricht man gelegentlich von einer Unternehmenspersönlichkeit. Auch ein Unternehmen wird geboren. Es wächst, blüht und reift. Es trägt Früchte. Manche Ernten werden verhagelt. Es altert. Es kann sich verjüngen. Auf dem Weg in die Zukunft muß es sich an veränderte Verhältnisse anpassen. Es macht seine Wandlungen und Krisen durch. Es muß seine Chancen wahrnehmen. Und überall dort, wo eine kritische Stelle erreicht ist, fragen sich alle, die Verantwortung tragen für das Unternehmen: „Wer sind wir? Was wollen wir? Wo kommen wir her? Wo wollen wir hin?“

(5) Ohne Zweifel ist *heute* eine solche kritische Zeit. Vielfache Unsicherheit umgibt uns. Die Unsicherheit ist zu einem erheblichen Teil durch den Wandel verursacht, den wir technisch, organisatorisch und gesellschaftlich durchlaufen und den manche als Zusammenbruch, andere als Um- oder gar Aufbruch deuten. Jedenfalls ist ein großes Bedürfnis nach Orientierung vorhanden.

Diesem Orientierungsbedürfnis dient die Frage nach Unternehmenskultur, Unternehmensphilosophie und Unternehmensethik. Das Mißliche ist nur, daß auch diese Ausdrücke die Unsicherheit unserer Zeit widerspiegeln. Denn sie werden häufig unterschieds- und wohl auch oft gedankenlos verwendet. Um so dringender ist es, sie zu bedenken. Was also hat es mit diesen drei Ausdrücken auf sich?

2. Unternehmenskultur, Unternehmensphilosophie und Unternehmensethik werden oft gedankenlos gebraucht

Die Ausdrücke Unternehmenskultur, Unternehmensphilosophie und Unternehmensethik
- *kommen aus Amerika zu uns,*
- *sind im Herkunftsland nicht so reich befrachtet wie bei uns,*
- *werden oft unterschiedslos gebraucht,*
- *sollten indes einigermaßen klar gefaßt und voneinander unterschieden werden.*

(1) Wer sich in der Literatur umschaut, gewinnt bald den Eindruck, daß die Ausdrücke Unternehmenskultur, Unternehmensphilosophie und Unternehmensethik sehr verschieden gebraucht werden. Sie scheinen keinen klaren Inhalt und keine scharfen Grenzen zu haben. Man kann darunter sehr Unterschiedliches verstehen. (4)

(2) Dieser Umstand hängt wohl damit zusammen, daß man in Amerika sehr schnell von Philosophie spricht. Man denkt dabei weniger an die alten Griechen Plato und Aristoteles. Auch Descartes, Pascal, Spinoza, Kant und Hegel bleiben aus dem Spiel. An Heidegger denkt niemand. Darum können die Amerikaner recht unbeschwert von einer neuen Farbphilosophie sprechen, wenn im kommenden Frühling die Modefarben wechseln. Auch mit Unternehmenskultur und Unternehmensethik ist man

recht schnell bei der Hand, selbst wenn man sich darunter nichts Genaues vorstellen kann. Jedenfalls klingen die Ausdrücke gut. Man kann damit einigermaßen Staat machen.

(3) Dennoch befriedigt dieser Zustand nicht. Deshalb bedürfen die Ausdrücke Unternehmenskultur, Unternehmensphilosophie und Unternehmensethik einer genaueren Klärung.
Auch wenn sich keine allgemein anerkannte Übereinkunft erzielen läßt, so ist es doch für einen selber nützlich, wenn man sich vergewissert, was man selbst darunter versteht. Einige klärende Hinweise könnten weiterhelfen.

3. Unternehmenskultur, Unternehmensphilosophie und Unternehmensethik lassen sich klären und klar unterscheiden

Einigermaßen klar gefaßt und voneinander unterschieden,
- ist Unternehmenskultur das Gehabe und der Charakter eines Unternehmens
- sind Unternehmensphilosophie und Unternehmensethik der theoretische Kern dieses Gehabes und Charakters.

(1) Es gilt zunächst, Theorie und Praxis voneinander zu unterscheiden.

Kultur ist immer Praxis. - Kultur ist nämlich,

was man hegt und pflegt. Kultur sind folglich die Gepflogenheiten. Wenn man etwas lange genug pflegt, verfestigt es sich und wird zum Charakter.

Die Wortgeschichte gibt uns weitere Auskünfte. Zugrunde liegt das lateinische Zeitwort „colere (colui, cultum)". Es bedeutet: „(be)bauen, (be)wohnen, pflegen". Damit hängt unser Wort „Kolonie" zusammen. Das lateinische Wort entwickelte sich im Mittellateinischen zu „cultivare". Daraus wurde im Französischen „cultiver". Im 17. Jahrhundert gelangt das Wort über das Französische als „kultivieren" ins Deutsche. Es bedeutet: „(Land) bearbeiten, urbar machen; (die Sitten) verfeinern; sorgsam pflegen".

Dem Tätigkeitswort „kultivieren" entspricht das Hauptwort „Kultur". Auch „Kultur" ist seit dem 17. Jahrhundert im Deutschen bezeugt, und zwar als ein Substantiv, das aus dem lateinischen „cultura" (Landbau; Pflege (des Körpers und Geistes)) entlehnt wurde. Schon von Anfang an wurde es einerseits im Sinne von „Felderbau, Bodenbewirtschaftung" (Bodenkultur) verwendet, andererseits im Sinne der „Pflege der geistigen Güter". Aus dieser zweiten Bedeutung wächst der Begriff der Kultur als „der Gesamtheit der geistigen und künstlerischen Lebensäußerungen (einer Gemeinschaft, eines Volkes)". (5)

Halten wir fest: Bei der Kultur handelt es sich um das, was man in einer Gemeinschaft täglich hegt und pflegt, bis es zur Gepflogenheit wird. Es geht um Gewohnheiten und Brauchtum. Endlich geht es darum, daß wir als Menschen ohne solche Gepflogenheiten, Bräuche und Gewohnheiten nicht zu leben vermögen. „Es ist ein Brauch von alters her: Wer Sorgen hat, hat auch Likör.“ So sagt Wilhelm Busch in seiner „Frommen Helene“. Cicero gibt zu bedenken: „Die Gewohnheit ist eine zweite Natur.“

Unternehmenskultur besagt demnach die Gesamtheit der Gepflogenheiten und Gewohnheiten in einem Unternehmen und damit das, was einem Unternehmen das besondere Gepräge gibt. Unternehmenskultur ist tagtägliche Praxis und wächst aus der tagtäglichen Praxis.

Philosophie und Ethik sind – im Gegensatz zu Kultur – Theorien und Lehren. Wenn man will, kann man – in unserem Zusammenhang – Philosophie und Ethik als den theoretischen Kern der Unternehmenskultur betrachten. So gesehen sind Unternehmensphilosophie und Unternehmensethik die Theorie der Unternehmenskultur. Indes kann man Unternehmensphilosophie und Unternehmensethik auch ihrerseits genauer unterscheiden:

a) Unternehmens*philosophie* ist die grundsätzliche Lehre von dem, was ein Unternehmen ist.

b) Unternehmens*ethik* ist die grundsätzliche Lehre, wie ein Unternehmen handeln soll. Derart versucht Unternehmensethik eine grundsätzliche Antwort auf die Frage zu geben, zu welchen Werten sich ein Unternehmen bekennt und auf welche (durch das unternehmerische

Tun zu erbringende) Wertverwirklichung es sich verpflichtet weiß.

(2) Bei aller Hochschätzung der Theorie und bei aller Notwendigkeit der Reflexionen sind wir uns wohl darin einig: *Entscheidend für das Leben ist die Praxis*. Entscheidend sind also das Gehabe, der Charakter und die Gepflogenheiten eines Unternehmens, wie sie – alltäglich geübt – das Unternehmen prägen und ihm seine Einmaligkeit und Unverwechselbarkeit verleihen. Dennoch ist auch eine gute Theorie nicht nutzlos. Nur darf die Theorie nicht bei der Theorie stehenbleiben. Sie muß die Theorie einer Praxis werden.

Man wird deswegen *Georges Enderle* Recht geben: „Weil der Mensch für sein Entscheiden und Handeln verantwortlich ist, ist es wichtiger, daß er in seinem Tun und Lassen seine Verantwortung wahrnimmt, als daß er darüber intelligent theoretisieren kann. Oder: Wirtschaftsethik als Praxis ist der Wirtschaftsethik als Theorie vorzuziehen (falls man sich überhaupt für das eine und gegen das andere entscheiden muß)." (6)

(3) Damit sich die Theorie (der Unternehmensphilosophie und Unternehmensethik) als nützlich erweist, ist genauer zu fragen, was es mit der Unternehmensethik auf sich hat. Das ist unsere Hauptfrage.

Die Hauptfrage:

Was hat es mit der Unternehmensethik auf sich?

Was es mit der Unternehmensethik auf sich hat, wird deutlich, wenn wir dreifach fragen:

- Wie kommt es zur Unternehmensethik?
- Was ist Unternehmensethik?
- Was folgt aus der Unternehmensethik?

Wie kommt es zur Unternehmensethik?

Die Unternehmensethik hat vor allem zwei Quellen. Die erste Quelle ist die ethische Gesinnung des Unternehmensgründers. Die zweite bilden die unternehmensethisch interessierten Professoren der Universitäten.

Erste Quelle: die ethische Gesinnung der Gründer

(1) Da sind die Unternehmensgründer

Meistens sind die Gründer eines Unternehmens starke Persönlichkeiten. Die Persönlichkeit ist ein Mensch, der in sich gefestigt ist, Einfluß zu nehmen versteht, sich in der Öffentlichkeit eines hohen Ansehens erfreut und in alledem seine Umgebung in starkem Maße prägt. Nicht zuletzt prägt eine starke Persönlichkeit die Umgebung, weil die anderen sie nachzuahmen bestrebt sind. So heißt es denn bei *Schiller* in „Wallensteins Lager“ über Wallenstein: „Wie er räuspert und wie er spuckt. Das habt Ihr ihm glücklich abgeguckt.“

Derart bilden sich um die Persönlichkeit des Gründers die Anfänge einer Unternehmenskultur. Sie besteht einmal aus dem Gehabe und den Gepflogenheiten des Gründers selbst. Aus den Gepflogenheiten entstehen viele Geschichten und Legenden, die weitergetragen und gleichsam vererbt werden. Endlich bilden sich auch um prägende Mitarbeiter Geschichten und Legenden.

Beispielsweise sagte mir vor Jahren eine Putzfrau bei der Firma Schindler: „Der alte Schindler, der war noch einer. Oft wenn wir seine Büroräumlichkeiten geputzt hatten, kam er noch schnell vorbei und sagte: ‚Im Schrank ist noch Champagner. Trinkt ihn aus. Wir müssen Auto fahren.'" Der Champagner im Schrank des Chefs gehörte für die Putzfrau zur Unternehmenskultur der Firma Schindler.

Dies alles versteht man am besten, wenn man es mit dem Leben einer Familie vergleicht. *Auch eine Familie* hat ihre eigenartige Familienkultur. Denken wir nur an die Mutter. Nach Jahr und Tag kommen wir wieder nach Hause. Wir steigen die Treppe hoch. Ein eigenartiger Geruch steigt uns in die Nase. Vieles wird wach und alles ist klar: Die Mutter kocht Kaffee. Die Gattin ist uns lieb und teuer. Aber so gut Kaffee kochen wie die Mutter kann sie nicht. Die Mutter bleibt die Allerbeste.

Das Entscheidende an der Mutter ist zwar nicht die Art und Weise, wie sie Kaffee kocht. Sie hat Wichtigeres zu bieten und hat Wesentlicheres getan. Aber an ihrem Kaffee kann man sie erkennen. Ihr Kaffee steigt einem in die Nase und geht einem zu Herzen. Er ruft Erinnerungen wach. Man fühlt sich daheim. Man ist zu Hause. Mit einem anderen Wort: Es geht um den Stallgeruch. Stallgeruch schenkt Wärme, Geborgenheit und Heimat. Es ist einem rundum wohl.

Die Folge des Stallgeruchs ist, daß man sich zugehörig fühlt. Man gehört zum gleichen Stall. Unternehmenskultur führt folglich zur Zugehörigkeit.

Bei der Unternehmenskultur verdient noch folgendes besondere Beachtung: Wenn Unternehmenskultur das Gehabe und die Gepflogenheiten eines Unternehmens sind, dann hat *jedes* Unternehmen seine Unternehmenskultur. Aber nur so verstanden kann die Unternehmenskultur eine Unternehmens-Unkultur sein. Es herrschen üble Gewohnheiten. Man erkennt das Unternehmen vorab an den Untugenden seiner Mitarbeiter. Es ist durch einen schlechten Ruf gekennzeichnet.

Wenn daher jedes Unternehmen seine Unternehmenskultur hat, es jedoch Wert darauf legt, daß es keine Unternehmensunkultur wird, muß es Unternehmenskultur kultivieren. Gutes muß gepflegt, Ungutes möglichst klein gehalten oder ausgeschaltet werden. Derart läßt sich sagen:

□ Kultur hat jedes Unternehmen.

□ Damit die Kultur indes keine Unkultur wird, muß die Kultur kultiviert werden.

□ Zur Kultivierung der Kultur kann eine gute Theorie, die kritisch die Kultur betrachtet, das Gute heraushebt und das Ungute deutlich macht, sehr nützlich sein.

(2) Auch die Unternehmensgründer hatten andeutungsweise ihre Theorie.

So sehr am Anfang des Unternehmens die Praxis den Vorrang hatte, so wenig fehlte schon damals die Theorie völlig. Nur sprach man zu jener Zeit noch nicht von Unternehmensethik. Auch das Wort Leitbild war noch nicht erfunden. Statt dessen sprach man nüchtern von der Arbeitsordnung.

Zwei Arbeitsordnungen aus dem Jahre 1870 zeigen uns *theoretisch*, wie es damals zu- und herging. Über die Praxis sagen sie allerdings wenig aus. Wir können nämlich dem Papier nicht entnehmen, wie man der Ordnung tagtäglich nachgelebt hat. Hierfür müßte man andere Quellen herbeiziehen. Man müßte wiederum aus den Schriften der Archive und aus der Erinnerung der Mitarbeiter jener Jahre die Geschichten nachzuempfinden suchen, die damals erlebt und erlitten wurden. Immerhin machen solche Arbeitsordnungen deutlich, daß auch die damaligen Unternehmenskulturen ihren theoretischen Hintergrund aufwiesen.

Arbeitsordnung bei der Firma Bell (Schweiz) 1870

1. Frömmigkeit, Sauberkeit und Pünktlichkeit sind die Vorbedingungen eines geordneten Geschäftes.

2. Bedingt durch massive Verkürzung der Arbeitszeit hat das Personal nur noch an Wochentagen zwischen 6 Uhr vormittags

und 6 Uhr nachmittags anwesend zu sein. Der Sonntag dient dem Kirchgang.

3. Dem täglichen Morgengebet im Hauptbüro wohnt das gesamte Personal bei.
4. Täglich nach dem Gebet sind die Arbeitsräume gründlich zu reinigen.
5. Zum Besten des Personals steht ein Ofen zur Verfügung. Im Winter wird empfohlen, daß jedes Mitglied des Personals täglich Anfeuerholz und 4 Pfund Kohle mitbringt.
6. Privatunterhaltungen während der Dienstzeit sind grundsätzlich nicht gestattet.
7. Einfache Kleidung ist Vorschrift! Es dürfen keine Kleider mit hellschimmernden Farben getragen werden. Die Strümpfe müssen ordentlich sein. Das Tragen von Hüten und Mänteln während der Dienstzeit ist nicht gestattet.
8. Das Verlangen nach Tabak, Wein und geistigen Getränken ist eine Schwäche des Fleisches und ist untersagt.
9. Der Besuch von politischen Lokalen, Versammlungen und von Billardsälen gibt Anlaß, an Ehre, Gesinnung, Rechtschaffenheit und Redlichkeit des Angestellten zu zweifeln.
10. Die Einnahme von Nahrung ohne geistige Getränke ist zwischen 12 Uhr und 12.30 Uhr erlaubt. Jedoch darf die Arbeit nicht unterbrochen werden.

11. Den Damen der Kundschaft und hochgestellten Persönlichkeiten ist mit Ehrerbietung und Bescheidenheit zu begegnen.

12. Weibliche Angestellte haben sich eines frommen Lebenswandels zu befleißen. Das Karisieren wird bestraft.

13. Ferien gibt es nur in dringenden Fällen. Lohn wird in dieser Zeit nicht bezahlt.

14. Jedes Personalmitglied hat die Pflicht, für die Erhaltung seiner Gesundheit Sorge zu tragen. Im Falle von Krankheit wird die Lohnzahlung eingestellt. Es wird daher dringend empfohlen, daß jedermann von seinem Lohn eine hübsche Summe für einen solchen Fall wie auch für die alten Tage beiseite legt, damit er bei Arbeitsunvermögen und bei abnehmender Schaffenskraft nicht der Allgemeinheit zur Last fällt.

15. Die Mitglieder der Geschäftsleitung erkennen die Großzügigkeit der neuen Arbeitsordnung an, sie rechnen jedoch damit, daß sich das Personal für diese unerhörten Vergünstigungen durch stark erhöhte Leistungen, Pünktlichkeit, Ehrerbietung und durch sittenreinen und frommen Lebenswandel erkenntlich zeigen wird.

Gegeben Oktober 1870 (7)

Arbeitsordnung für Londoner Angestellte (1870)

1. Täglich, vor Arbeitsbeginn, ist das Büro gründlich aufzufegen, der Ofen auszuräumen und der Staub zu beseitigen.

2. Alle Angestellten sind dafür verantwortlich, daß der Arbeitsraum gut geheizt wird. Für das Heizmaterial sorgen die Herren Commis. Jeder Angestellte hat einen gleichen Anteil Kohlen mitzubringen.

3. Privatunterhaltungen während der Dienstzeit sind grundsätzlich unerwünscht.

4. Die regelmäßige Arbeitszeit beträgt 12 Stunden. Wenn es die Arbeit erfordert, muß jeder Commis ohne Aufforderung Überstunden machen.

5. Angestellte, die sich politisch betätigen, werden fristlos entlassen.

6. Es wird erwartet, daß sich jeder Angestellte des übermäßigen Tabak- und Alkoholgenusses enthält.

7. Ladies und hochgestellten Persönlichkeiten ist anständig zu begegnen.

8. Als Lektüre wird vor allem die Bibel empfohlen, jedoch sind auch andere Bücher erlaubt, sofern sie sittlich einwandfrei sind.

9. Jeder Angestellte hat die Pflicht, für die Erhaltung seiner Gesundheit zu sorgen. Kranke Angestellte erhalten keinen Lohn. Deshalb sollte jeder verantwortungsbe-

wußte Commis von seinem Lohn eine gewisse Summe zurücklegen.

10. Ein Angestellter darf sich nicht irren. Wer es mehrmals tut, wird entlassen.
11. Wer dem Chef widerspricht, zeigt damit, daß er vor dem Prinzipal keinen Respekt empfindet. Daraus ergeben sich Konsequenzen.
12. Weibliche Angestellte haben sich eines frommen Lebenswandels zu befleißigen.
13. Ferien gibt es nur in dringenden familiären Fällen. Lohn wird während dieser Zeit nicht gezahlt.
14. Denken Sie immer daran, Tausende wären sofort bereit, Ihren Arbeitsplatz einzunehmen.
15. Und vergessen Sie nicht, daß Sie Ihrem Prinzipal Dank schulden. Er ernährt Sie schließlich. (8)

(3) Lehren aus den früheren Arbeitsordnungen

Was lehren uns die beiden Arbeitsordnungen? Zum einen, daß wir nicht vorschnell urteilen sollen aus der Sicht späterer Zeiten. Für die damalige Zeit waren die Arbeitsordnungen fortschrittlich. Sie stellten eine Verbesserung der Verhältnisse dar, unter denen unsere Urgroßeltern damals arbeiten mußten.

Zum anderen zeigen sie, welche Fortschritte wir im Blick auf die Arbeitsverhältnisse errungen und zum Teil auch erstritten haben. Unsere

Großeltern haben hart daran gearbeitet, um die Arbeitsbedingungen zu verbessern. Dazu gehören nicht nur die Arbeiterinnen und Arbeiter, sondern auch weitsichtige Unternehmerinnen und Unternehmer.

Das Ringen um eine weitere Verbesserung der Arbeitsverhältnisse muß auch heute weitergehen. Ein guter Beitrag dazu können zukunftsweisende Leitbilder sein. Auch die Unternehmensethik will das ihre beitragen, damit die Arbeit vermehrt als ein Stück des eigenen Lebens erfahren werden kann und damit die Arbeitsergebnisse vielfältigen Nutzen stiften, ohne Schaden anzurichten.

Zum dritten zeigen die früheren Arbeitsordnungen, daß auch damals theoretische Überlegungen das Führungsverhalten prägten und eine bestimmte Unternehmenskultur zur Folge hatten. Nur blieb es bei theoretischen Ansätzen.

(4) Spätestens die Enkel müssen eine Theorie entwickeln

Am Anfang eines Unternehmens gibt es viel Praxis und noch wenig Theorie. Aber es kommen die Enkel. Sie müssen aufschreiben, was Großvater und Großmutter gelebt haben. So kommt es zur Reflexion und damit zur Theorie der Praxis. Die die Praxis reflektierende Theorie findet ihren bündigen Ausdruck in Leitbildern. Was besagt dies im einzelnen?

Für den preußischen Leutnant galt: Als erster beim Waschen, als letzter beim Essen. Die Gründerpersönlichkeiten eines Unternehmens waren ähnlich gesinnt. Sie waren die ersten am Arbeitsplatz. Sie kamen am spätesten zum Feierabend. Sie forderten von den Mitarbeitern viel, aber meistens noch mehr von sich selbst. Ohne diese Vorbildlichkeit hätte das Unternehmen nicht den Aufschwung gefunden, den es tatsächlich genommen hat.

Die Geschichte geht weiter. Die Väter werden alt und zu Großvätern. Die Zeiten wandeln sich. Es kommen andere Zeiten; und es kommen die Enkel. Spätestens für die Enkel stellt sich die Frage: „Wie können wir den Geist des Großvaters unter geänderten Verhältnissen weiterleben lassen und für die Zukunft lebendig erhalten?"

Derart können die Enkel nicht nur weiterarbeiten und vorausplanen. Sie müssen auch nachdenken. Die Frage nach Herkunft, Wurzeln und Ursprung läßt die Enkel genausowenig los wie die Frage nach der Zukunft. Darum müssen die Enkel stärker als die Väter reflektieren. Mehr als die Vorfahren müssen sie nicht nur praktisch weiterarbeiten, sondern über die Praxis auch theoretisieren. Auf diese Weise kommt es zur Theorie der Praxis. Sie findet ihren bündigsten Ausdruck in den Leitbildern.

Wiederum mögen zwei Beispiele von Leitbildern zeigen, vor welchem theoretischen Hintergrund sich heute eine Unternehmenskultur bilden soll.

Als Ausdruck ihrer Firmenkultur hat die Firma Hewlett Packard folgende Leitsätze formuliert:

- ☐ Respektieren der Persönlichkeit
- ☐ Möglichkeit der Selbstverwirklichung
- ☐ Gegenseitiges Vertrauen und Helfen
- ☐ Fehler machen dürfen
- ☐ Leistungsbereitschaft durch Freude an der Arbeit
- ☐ Anerkennung der Leistung und teilhaben am Erfolg
- ☐ Mitverantwortung durch gemeinsame Rechte und Pflichten
- ☐ Übersichtliche Bereiche durch Dezentralisierung
- ☐ Führen durch Zielvereinbarung
- ☐ Informeller Umgang und offene Kommunikation
- ☐ Förderung und Weiterentwicklung
- ☐ Beschäftigungssicherheit
- ☐ Soziale Absicherung (9)

Besonders ausführlich und eindrücklich ist das „Credo" der Firma Johnson und Johnson:

Allem voran steht unsere Verantwortung gegenüber den Ärzten, Krankenschwestern und Patienten, aber auch gegenüber Müttern, Vätern und all den Menschen, die unsere Produkte verwenden oder unsere Dienste in Anspruch nehmen. Die Erfüllung unserer Ansprüche erfordert von uns stets hohes Qualitätsniveau.

Wir müssen ständig bemüht sein, unsere Kosten so niedrig wie möglich zu halten, damit wir vernünftige Preise beibehalten können.

Aufträge unserer Kunden müssen umgehend und zuverlässig ausgeführt werden.

Unseren Lieferanten wie auch unseren Abnehmern sollen wir die Möglichkeit geben, einen angemessenen Gewinn zu erzielen.

Verantwortung tragen wir auch für unsere Mitarbeiter, für alle jene Frauen und Männer, die auf der ganzen Welt bei uns tätig sind.

Jeder von ihnen ist als Individuum zu achten.

Ihre Würde muß respektiert und ihre Verdienste müssen anerkannt werden.

Sie müssen auf die Sicherheit ihres Arbeitsplatzes vertrauen können.

Die Vergütung für die Arbeit muß fair und angemessen sein, die Arbeitsplätze unfallsicher, sauber und ordentlich.

Wir müssen unsere Mitarbeiter auch bei der Wahrnehmung ihrer Verantwortung gegenüber ihren Familien unterstützen.

Die Mitarbeiter sollen sich ermutigt fühlen, Vorschläge zu machen und auch Beschwerden vorzutragen.

Bei entsprechender Qualifikation muß Chancengerechtigkeit gegeben sein, sowohl bei der Einstellung als auch bei Förderung und Beförderung.

Dabei ist es unsere Aufgabe, dafür zu sorgen, daß fähige Führungskräfte zur Verfügung stehen, die gerecht und ethisch handeln.

Verpflichtet fühlen wir uns auch gegenüber dem Gemeinwesen, in dem wir leben und arbeiten, aber auch gegenüber der ganzen Menschheit.

Wir müssen uns als gute Staatsbürger erweisen, das Gemeinwohl im Auge haben, Wohltätigkeits-Organisationen unterstützen, sowie auch unseren angemessenen Teil an Steuern tragen. Wir müssen uns für die Verbesserung allgemeiner Lebensbedingungen, speziell Gesundheitsfürsorge und Bildung, einsetzen.

Wir haben das uns für unsere Arbeit anvertraute Firmeneigentum in gutem Zustand zu erhalten und wollen dabei den Schutz der Umwelt nicht außer acht lassen.

Schließlich sind wir unseren Aktionären gegenüber verantwortlich.

Ein angemessener Gewinn muß erwirtschaftet werden.

Wir sollen neuen Ideen gegenüber stets aufgeschlossen bleiben.

Die Forschung ist voranzutreiben, fortschrittliche Entwicklungsprogramme sind zu entwerfen, durch Fehler entstandene Verluste müssen getragen werden.

Neue Ausrüstungen müssen erworben, neue Einrichtungen erstellt werden; auch sind neue Produkte auf den Markt zu bringen.

Reserven als Vorsorge für schlechtere Zeiten müssen gebildet werden.

Wenn wir nach diesen Grundsätzen handeln, werden die Aktionäre eine angemessene Dividende erwarten können. (10)

Diese und ähnliche Leitbilder sind in Theorieform, was Großvater gelebt hat, und damit der theoretische Kern seiner Unternehmenskultur. Anders gesagt: Die Leitbilder sind die theoretische Kurzformel des großväterlichen Unternehmensethos. Verallgemeinert: Unternehmensethik ist die Theorie des Unternehmensethos.

Derart wird der Unterschied deutlich. Überspitzt formuliert bedeutet er:

□ Der Großvater hatte viel Praxis und wenig Theorie: Er war das gelebte Vorbild. Er war von einem hohen unternehmerischen Ethos geprägt.

□ Die Enkel haben viel Theorie und oft wenig Praxis: Sie haben theoretische Leitbilder, die oft in der Schublade bleiben.

Dies schien auch die Putzfrau der Firma Schindler gemeint zu haben: „Der Großvater hatte seinen persönlichen Champagner. Der war flüssig und begeisternd. Der Enkel hat sein gedrucktes Leitbild. Das ist trocken und ernüchternd."

Die Gegenüberstellung zeigt auch die Aufgabe: Die gute Theorie der Enkel muß tagtägliche Praxis werden. Aus der Unternehmenskultur (auf dem Weg des Nachdenkens und der Abstraktion) gewonnen, muß das Leitbild wiederum zur Praxis führen, in die Tat umgesetzt werden und damit die Unternehmenskultur befruchten.

Wer heute die Kultur eines Unternehmens kennenlernen will, muß folglich ein Zweifaches tun:

□ Er muß das Leitbild studieren. Derart lernt er die Theorie kennen.

□ Er muß mit der Putzfrau sprechen, die das Büro des Chefs reinigt, und mit dem Fahrer reden, der den Chef durch die Lande fährt. Derart lernt er die Praxis kennen und damit nicht bloß die Theorie der Unternehmenskultur, sondern die Unternehmenskultur selbst, wie sie leibt und lebt.

(5) Zwischenergebnis

Es gibt eine *unternehmerische* Unternehmensethik. Sie ist die Unternehmensethik, die sich aus der unternehmerischen Praxis ergeben hat. Oft genug wurde sie – wenigstens zum Teil – von den Unternehmern selber formuliert. Auch ist sie unmittelbar für die unternehmerische Praxis bestimmt.

Die unternehmerische Unternehmensethik findet ihren bündigen Ausdruck in unternehmerischen Leitbildern und Leitsätzen. Sie ist praxisbezogen. Stammt sie doch aus der Praxis. Aber so, wie sie in Leitbildern und Leitsätzen zum Ausdruck kommt, ist sie meist wenig zusammenhängend und kaum systematisch.

Die zweite Quelle der Unternehmensethik: Professoren reden mit, aber nicht drein!

Mit der Herkunft der Unternehmensethik aus dem praktizierten unternehmerischen Ethos ist nur eine Quelle der Unternehmensethik benannt. Es gibt einen zweiten Herkunftsort der Unternehmensethik: die Universität.

(1) Die philosophischen und theologischen Fakultäten

In der philosophischen und der theologischen Fakultät wurde seit je philosophische oder theologische Ethik (Moraltheologie) gelehrt. Im Zusammenhang damit war auch das gesellschaftliche Leben zu besprechen. Dazu gehört ohne Zweifel der Bereich von Arbeit, Beruf und Wirtschaft. Begreiflich, daß sich von diesen beiden Fakultäten her eine Wirtschaftsethik entwickelte.

Auf katholischer Seite hat der Jesuit *Professor Dr. Oswald von Nell-Breuning* während eines langen Lebens Beiträge auch zur Unternehmens- und Wirtschaftsethik verfaßt. Sein Lebenswerk ist kaum übersehbar groß. Allein, er hat keine zusammenfassende Wirtschafts- oder Unternehmensethik geschrieben. (11)

Auf evangelischer Seite hat *Professor Dr. Arthur Rich* ebenfalls während vieler Jahre über wirtschaftsethische Fragen nachgedacht. Ihm war es vergönnt, als Ertrag seiner Lebensarbeit eine zweibändige Wirtschaftsethik zu veröffentlichen. 1984 legte er die wirtschaftsethischen

„Grundlagen in theologischer Perspektive“ dar. 1990 behandelte er „Marktwirtschaft, Planwirtschaft, Weltwirtschaft aus sozialethischer Sicht“.

Im Vorwort zum zweiten Band schreibt Rich: „Obwohl die beiden Bände weit ausgreifen und in sich ein Ganzes bilden, stellen sie gleichwohl einen Torso dar. Die spezifisch betriebswirtschaftlichen, dem Praktiker vor allem auf den Nägeln brennenden Fragen, die freilich ohne vorangegangene Klärung der ordnungspolitischen Problematik schwerlich anzugehen sind, kommen in ihnen höchstens am Rande zur Sprache. Um ihnen hinreichend gerecht zu werden, bedürfte es eines weiteren Bandes. Doch das zu schaffen, dazu ist der Verfasser, schon aus gesundheitlichen Gründen, kaum mehr in der Lage. Es wäre sehr zu wünschen, daß sich ein kompetenter Autor fände, der hier in die Lücken springt.“ (12)

(2) Die Sozialwissenschaften

Lange Zeit hatten die Sozialwissenschaften, zumal die Wirtschaftswissenschaften die ethischen Fragen aus ihrer Betrachtungsweise ausgeklammert. Doch immer deutlicher wurde den Wirtschaftswissenschaftlern, daß es in diesen Bereichen zunächst nicht um technische Abläufe geht, sondern daß auch hier der Mensch auf dem Spiele steht. Gewiß ist wirtschaften zu müssen ein notwendiges Schicksal des Menschen. Ohne Zweifel gilt es, den Wirtschaftskreislauf zu beobachten und dessen Gesetzmäßigkeiten zu entdecken. Allein die Art und Weise, wie der Mensch wirtschaftet, ist immer auch von seiner eigenen Entscheidung abhängig und daher von ihm zu verantworten.

Im Gefolge dieser sich der Verantwortung zuwendenden Wirtschaftsbetrachtung entstanden an den wirtschaftswissenschaftlichen Fakultäten Lehrstühle und Institute für Wirtschaftsethik. Derart geschah, was sich auch sonst an der Universität - man denke vor allem an die Bereiche der Forschung und Medizin - entwickelte: Der ethischen Betrachtungsweise wurde vermehrt Aufmerksamkeit geschenkt. (13)

Es versteht sich leicht, daß sich die allgemeine Wirtschaftsethik mit der Zeit in der *Unternehmens*ethik zu konkretisieren begann. Schließlich ist die Unternehmensethik die Nagelprobe für die Wirtschaftsethik.

Im Unterschied zur unternehmerischen Unternehmensethik ist die universitäre Unternehmensethik von ihrer Herkunft her systematisch und gründlich, aber oft wenig praxisbezogen. Der Praxisbezug wird zusätzlich dadurch erschwert, daß die Wirtschafts- und Unternehmensethiker ihre Ethiken von sehr unterschiedlichen Ansätzen her und in nicht minder verschiedenartiger Begrifflichkeit entwickeln. Mit Mühe können sie sich untereinander verständigen. Kein Wunder, daß es ihnen kaum gelingt, sich den praktischen Unternehmern verständlich zu machen. (14)

Ergebnis

(1) Wir haben eine doppelte Unternehmensethik:

☐ Eine *unternehmerische*, die von der unternehmerischen Praxis her kommt, darüber reflektiert und sich - wenig zusammenhängend, systematisch und gründlich - vorab in unternehmerischen Leitbildern und Leitsätzen ausdrückt.

☐ Eine *universitäre*, die von den Wissenschaften her kommt, die entsprechenden Wissenschaften unter dem Gesichtspunkt menschlicher Verantwortung reflektiert und sich in methodisch durchdachter, systematischer und gründlicher Weise, aber mit nur schwer verständlichen Abhandlungen äußert, so daß sie im Raum der Universität verbleibt und verhallt.

(2) Daraus folgt:

☐ Der unternehmerischen Unternehmensethik fehlt oft eine genügende theoretische Grundlage.

☐ Der universitären Unternehmensethik fehlt nicht minder häufig die Nähe zur Praxis.

(3) Das Ziel wäre eine sowohl wissenschaftlich begründete, als auch praxisbezogene und praxisnahe allgemeine Unternehmensethik. Sie könnte zur Grundlage werden für die Ethik eines bestimmten einzelnen Unternehmens.

Was ist Unternehmensethik

Bereits ist gesagt worden: Unternehmensethik ist der theoretische Kern der Unternehmenskultur. Man könnte auch sagen: Unternehmens*ethik* ist die Lehre des unternehmerischen *Ethos*.

Dies ist genauer zu erklären. Dabei sind einige mehr theoretische Erörterungen und Begriffserklärungen unvermeidlich. Denn wenn die Ethik schon die Lehre der Verantwortung sein soll, dann muß auch sie selbst auf verantwortbare Weise betrieben werden. Zur Verantwortung gehört jedoch auch, daß man sich über die Grundlagen Rechenschaft gibt, auf denen man steht und von denen aus man weiterzugehen versucht.

Jedenfalls ist Unternehmensethik ein Teil der Ethik. Innerhalb der Ethik gehört sie zur Wirtschaftsethik. Deshalb müssen wir uns zunächst über die Ethik im allgemeinen, sodann über die Wirtschaftsethik im besonderen Rechenschaft geben.

Unternehmensethik ist ein Teil der Ethik

Wir haben schon gesehen: Ethik ist wieder gefragt. Gerade darum diskutieren auch die Ethiker selber seit Jahren über das, was Ethik ist und was sie selbst unter Ethik verstehen. Wie es heute der Brauch ist, gehen die Meinungen weit auseinander. Immerhin dürften manche Ethikerinnen und Ethiker vom Fach den folgenden Ausführungen einigermaßen zustimmen. (15)

Am besten, wir fragen uns,
- wie sich Ethik umschreiben läßt,
- wie sie methodisch vorangeht und
- wie sie sich sinnvoll gliedern läßt.

Wie läßt sich Ethik umschreiben?

Ethik läßt sich in vielfältiger Weise umschreiben. Drei Umschreibungen drängen sich indessen auf.

☐ Bei der ersten handelt es sich um eine Worterklärung (*Ethos*).

☐ Bei der zweiten geht es um den unmittelbaren Gegenstand der Ethik (*Handeln*).

☐ Bei der dritten steht der mittelbare Gegenstand der Ethik zur Frage (Handlungs*folgen*).

(1) Die Worterklärung: Ethik ist die Lehre vom Ethos

Das griechische Wort *Ethos* heißt ursprünglich: Lebensweise. Später kommt als zweite Bedeutung hinzu: der durch die betreffende Lebensweise geprägte Lebensraum. Heute besagt

Ethos: die Gesamtheit der tatsächlich anerkannten und tagtäglich praktizierten, also gelebten sittlichen Grundsätze.

1) Aus diesen Wortbedeutungen können wir vier Lehren ziehen:

☐ Statt Lebensweise können wir auch *Lebensgewohnheiten* sagen. Dann geht es beim Ethos einerseits um die Lebensgewohnheiten, andererseits um den dadurch geprägten Wohnraum. Die Ethik als Theorie des Ethos wäre demzufolge der Versuch, die Frage grundsätzlich zu beantworten: Welche Lebensgewohnheiten müssen wir uns angewöhnen, damit wir in Frieden und Freiheit zusammen wohnen können?

☐ Damit wird der *Zusammenhang zwischen Unternehmensethos und Unternehmenskultur* deutlich: In beiden Fällen geht es nicht um Theorien, sondern um die Praxis. Dabei ist das Unternehmensethos der sittliche Aspekt der Unternehmenskultur. Das Unternehmensethos macht, daß die Unternehmenskultur nicht zur Unkultur absinkt, sondern zur Hochkultur kultiviert wird. In diesem Sinne kann man beispielsweise sagen: Bei unseren Mitarbeitern herrscht eine gute Moral. Das Gleiche meint der andere Ausdruck: Unsere Mitarbeiter sind von einem hohen Ethos geprägt. In beiden Fällen ist Ethos oder Moral etwas, was in den Mitarbeitern selber lebt und was sie darum tagtäglich beherzigen.

☐ Ethik als Lehre vom Ethos hat es nie nur mit der inneren Gesinnung (Gewöhnung und

Gewohnheit) zu tun, sondern auch mit dem, was nach außen hin folgt (Wohnraum). Sie hat es mit der *Umweltethik* (Ökologie) zu tun.

☐ Zweideutig ist das Wort „ethisch“. Es kann sich nämlich sowohl auf das Wort „Ethos“ als auch auf das Wort „Ethik“ beziehen. Je nachdem bedeutet „ethisch“:

a) „zum Ethos gehörend“, also „was dem Ethos entspricht“,
b) „zur Ethik gehörend“, also „was der Lehre der Ethik entspricht“.

Deshalb ist Vorsicht beim Gebrauch des Wortes „ethisch“ geboten. Wenn es beispielsweise von einem Menschen heißt, er lebe ethisch einwandfrei, muß man sich fragen: Hat er bloß eine gute Theorie (Ethik)? Oder hat er vor allem eine gute Praxis (nämlich ein hohes Ethos)? Oder ist er sowohl ein hochanständiger Mensch als auch einer, der über den Anstand lange nachgedacht und sich des Anstandes theoretisch vergewissert hat?

2) Dem aus dem Griechischen stammenden Wort Ethos entspricht das aus dem Lateinischen herkünftige Wort *Moral*. Moral geht auf das lateinische Eigenschaftswort „moralis“ zurück und bedeutet „die Sitten betreffend, sittlich“. Das Wort erscheint im Deutschen seit dem 16. Jahrhundert, und zwar zuerst in der Bedeutung „sittliche Nutzanwendung; Sittlichkeit“. Heute wird das Wort sehr unterschiedlich verstanden. Nicht wenigen stößt das Wort unliebsam auf, weil es die Nebenbedeutung von „moralinsauer“ und

„moralisieren“ bekommen hat. Deshalb ersetzt man Moral heute häufig mit Ethos.

3) *Hermann Krings* hat folgende zusammenfassende Begriffserklärung versucht (die freilich keineswegs allgemein anerkannt ist):

☐ *Moral* meint das *tatsächliche* Geprägtsein des menschlichen Verhaltens und Handelns durch eine Gesamtheit von Regeln. Dieses Regelensemble ist einerseits für das Überleben notwendig. Andererseits ermöglicht es, gemäß einer Vorstellung vom guten Leben zu handeln (lateinisch: mores = Sitten).

☐ *Ethos* meint das nicht nur tatsächlich prägende, sondern auch grundsätzlich anerkannte Regelgesamt. Das heißt: Ein Subjekt (sei es ein Individuum oder ein Kollektivum wie zum Beispiel Familie, Stamm, Gruppe, Stand, Gesellschaft) *anerkennt* bestimmte Sitten als *maßgebend* für sein Handeln, das *auf Dauer* durch diese Anerkennung geprägt ist.

☐ *Ethik* ist die vernunftbestimmte und methodische Reflexion von Moral und Ethos. Sie ist diesen insofern *nachgeordnet*, als die Ethik ohne Moral und Ethos keinen Gegenstand hätte. Moral und Ethos sind jedoch ohne Ethik denkbar. Sie finden sich im alltäglichen Verhalten auch für gewöhnlich ohne Ethik. (16)

(2) Der unmittelbare Gegenstand der Ethik: Ethik ist die Lehre vom verantwortlichen Handeln

Bei der Ethik geht es um das menschliche Handeln. Die Ethik denkt darüber nach, unter welchen Voraussetzungen der Mensch sein Handeln verantworten kann. So betrachtet ist Ethik normative Handlungslehre.

1) Zunächst betrachtet die Ethik das menschliche *Handeln*. Handeln ist die zielgerichtete, planvolle Tätigkeit des Menschen. Diese Tätigkeit bewirkt die Veränderung von Zuständen, wobei die bewirkte Zustandsveränderung eine Zustandsverbesserung sein soll. Zugleich hat jede Tätigkeit ihren Preis.

□ Zum einen ist sie meist mit Mühe und Anstrengung verbunden.

□ Zum zweiten müssen wir, um Werte zu verwirklichen und Zustände zu verbessern, selbst Werte einsetzen. Somit führt die Handlung nur dann zu einem Wertzuwachs, wenn der Ertrag größer ist als die Kosten.

□ Zum dritten ist der Preis jeder Wertverwirklichung die Preisgabe vieler anderer Wertverwirklichungen. Denn meistens können wir Menschen nur entweder dieses oder jenes tun, aber wir können nicht sowohl jenes als auch dieses bewerkstelligen. Darum müssen wir uns für das eine oder das andere entscheiden. Dabei müssen wir Vor- und Nachteile abwägen (Güterabwägung). Nicht selten haben wir die Last der Entscheidung und die Qual der Wahl.

All dies zeigt: Wir Menschen können nicht einfach drauflos handeln. Wir handeln nur *vernünftig*, wenn wir uns überlegen, was wir wie verwirklichen wollen und worauf wir dabei zu verzichten gewillt sind. Damit ist bereits angedeutet, daß menschliches Handeln *verantwortliches* Handeln ist. Das heißt: Wir müssen mindestens vor unserer eigenen Vernunft für unser Tun und Lassen Rede und Antwort stehen können.

2) Die Ethik denkt nun über dieses menschliche Handeln gerade unter dem Gesichtspunkt *der Verantwortung* nach. Sie fragt: Unter welchen Voraussetzungen können wir unser Handeln verantworten? *Georges Enderle* meint: „Im heutigen Verständnis der Ethik ist Verantwortung zu einem Schlüsselbegriff geworden. Er vermag auf plausible Weise eine praktisch-ethische Haltung zu kennzeichnen und umfaßt in sich auch eine Reihe wichtiger Dimensionen ethischer Theoriebildung." (17) Um so wichtiger ist zu prüfen, was die Voraussetzungen der Verantwortung sind und worin deren Eigenart besteht.

Die Voraussetzung der Verantwortung

Der Philosoph *Walter Schulz* versteht Verantwortung als „Selbsteinsatz aus Freiheit". (18) In der Tat ist die Freiheit oder die Fähigkeit zur Selbstbestimmung die unersetzbare Voraussetzung der Verantwortung. Mit Recht schreibt *Enderle*: „Verantwortung setzt einen konkrekten Handlungsspielraum voraus, in dem ich mich für die eine oder andere Handlungsvariante entscheiden kann. Wir sind also nicht für alles und jedes verantwortlich, sondern nur für das, was in unserem je eigenen Handlungsspielraum möglich ist. (Doch das ist meistens mehr, als wir uns zutrauen.) Je größer dieser Handlungsspielraum, je größer die Macht und Reichweite des menschlichen Handelns, desto größer ist auch die Verantwortung." (19)

Die Eigenart der Verantwortung

Verantworten ist ein verstärktes „Antworten". Seit dem Mittelhochdeutschen (15. Jahrhundert) gebräuchlich, besagt es zunächst als Wort der Rechtssprache „vor Gericht antworten, eine Frage beantworten". Später besagt es „für etwas einstehen, etwas vertreten" und „sich rechtfertigen".

Sich verantworten heißt demnach mehr als nur Auskunft zu erteilen oder Antwort zu geben. Es besagt vielmehr: Ich stehe Rede und Antwort. Ich stelle mich vor eine Sache hin, weil ich auch dahinter stehen kann. Ich trete für sie ein. Auf diese Weise verstanden, besagt Verantwortung eine Beziehung dreifacher Art, nämlich die Beziehung zwischen Verantwortungsträger, Verantwortungsgegenstand und Verantwortungsinstanz. (20)

a) Da bin ich zunächst selber als Verantwortungs*träger*. Ich selber muß für mein Tun und Lassen geradestehen und dem Rede und Antwort stehen, der mich für mein Tun und Lassen zur Verantwortung ziehen kann.

b) Als Verantwortungsträger habe ich eine Beziehung zum Verantwortungs*gegenstand*. Der Gegenstand der Verantwortung ist mein Handeln mitsamt seinen Folgen. Dabei hat mein Handeln zwei verschiedene Folgen:

☐ Einerseits geht es um *innere* Folgen. – Wer handelt, bewirkt immer auch etwas an sich selbst. So sehr die Handlung nach außen gerichtet sein mag, so bleiben doch Spuren in unserem Innern zurück. So sehr wir *etwas* bewirken, so sehr verwirklichen wir dabei uns *selbst*. Wenn ich beispielsweise allzu lange allzu viel trinke, werde ich zum Alkoholiker mit den entsprechenden Folgen an meiner Leber.

☐ Andererseits geht es um *äußere* Folgen. Das innere Handeln (Denken und Wollen) führt zur (äußeren) Tat. Durch unsere Tat bewirken wir etwas in der Welt. Wir verändern und gestalten sie. In diesem Sinne heißt Verantwortung: sich und den anderen Rechenschaft darüber geben, was man handelnd in der Welt anrichtet.

Hier liegen die heute besonders schwierigen Probleme der Ethik: Mehr denn je hat unser Handeln unabsehbare Folgen. Einige gute Folgen bezwecken wir ausdrücklich. Einige weniger gute oder schlechte Nebenfolgen müssen wir in Kauf nehmen. Einiges können wir übersehen. Vieles bleibt unabsehbar. Bis wie weit reicht unsere Verantwortung?

Ein kleines Beispiel mag dies verdeutlichen: Ich werfe einen Stein in das Wasser eines Sees. Der Steinwurf bewirkt einen Kreis im Wasser, der seinerseits wieder weitere Kreise hervorruft, die immer schwächer werden und endlich in der Ferne (fast) verschwinden. Bis zu welchem Kreis muß ich meinen Steinwurf verantworten?

☐ Die einen sagen: Alle Kreise. – Dann aber ersticke ich an einem Verantwortungskomplex. Alle Folgen kann ich unmöglich übernehmen. Eine lähmende Angst käme über mich.

☐ Andere sagen: Keinen einzigen. – Sie sind der Ansicht, das Entscheidende bei einer Handlung sei die lautere Gesinnung des Handelnden. Er müsse es nur gut meinen. Auf die Folgen käme es nicht an. So zu denken wäre verantwortungslos.

☐ Es gilt, zwischen dem Verantwortungskomplex der einen und der Verantwortungslosigkeit der andern einen Mittelweg zu suchen. Die Ethik will dabei helfen. (21)

Kurz: Ich bin verantwortlich *für* etwas. Dies läßt sich noch genauer fassen. Verantwortung ist – wie wir gesehen haben – „Selbsteinsatz aus Freiheit". In meiner Freiheit setze ich mich jedoch ein sowohl für eine Sache als auch für die Interessen von Menschen. Dies besagt:

☐ Erstens geht es bei der Verantwortung „um den persönlichen Einsatz für eine Sache, die man zu verwirklichen trachtet, weil man von ihrer Notwendigkeit überzeugt ist. Die Frage lautet hier: *Wofür* bin ich verantwortlich?

☐ Zweitens geht es dabei nur vordergründig um ‚Sachen'. Letztlich setzt sich eine verantwortlich handelnde Person für die Interessen anderer Menschen ein. Die Frage lautet hier: *Für wen* bin ich verantwortlich?“ (22)

3) Endlich geht es bei der Verantwortung um eine Verantwortungs*instanz*. Ich bin nicht nur für etwas, sondern auch vor jemandem verantwortlich. Je nachdem, vor wem wir uns verantwortlich wissen, kann man die Ethik näher unterscheiden:

☐ Ich bin verantwortlich vor *den Mitmenschen*, nicht zuletzt vor jenen, die nach mir kommen. Manche sind der Ansicht, die Mitmenschen bilden die öffentliche Meinung; und die öffentliche Meinung werde vertreten durch die öffentlichen Medien. So gesehen hieße ethisch handeln (lediglich), sich verantwortlich wissen vor den öffentlichen Medien. Der oberste ethische Grundsatz hieße demzufolge: Handle so, daß du in der Presse und beim Fernsehen gut dastehst und wegkommst.

Diese Ansicht ist nicht schlechthin falsch. Die Frage ist nur, ob die Antwort genügt. Es bleibt nämlich die Frage unbeantwortet, ob nicht auch die Leute der Medien verantwortungslos handeln können, und ob gerade sie in besonderer Weise berufen sind, andere zur Rechenschaft zu ziehen. (23)

Wer darum wirklich verantwortlich handeln will, muß sein Handeln nicht nur gegenüber dem Mitmenschen zu rechtfertigen vermögen. Er muß sich selbst in die Augen sehen können und sein Handeln vor sich selbst verantworten. Mit anderen Worten: Die Frage der Verantwortung ist immer auch eine Gewissensfrage.

□ Ich bin verantwortlich vor meinem eigenen *Gewissen.* – Ohne lange theoretische Auseinandersetzung (24) merken wir uns am besten: Vor aller Begrifflichkeit ist das Gewissen eine grundlegende Selbsterfahrung des Menschen. Ich erfahre mein Gewissen; im Gewissen erfahre ich mich selbst. Genauer läßt sich sagen: Das Gewissen bin ich selber, und zwar insofern ich mich in doppelter Weise erfahre:

a) Einmal erfahre ich mich als den, der weiß, ob meine Gesinnung gut oder schlecht ist und ob die in Frage stehende Handlung, soweit ich sie vorauszusehen vermag, in ihren Folgen richtig oder falsch sein wird.

b) Sodann erfahre ich, daß meine gute Gesinnung und meine richtige Handlung nicht einfach meiner Beliebigkeit überlassen sind. Ich weiß mich vielmehr zu einer guten Gesinnung und einer nach bestem Wissen richtigen Handlung verpflichtet. Ich weiß, daß ich gut sein und richtig handeln solle.

Dieses mich unbedingt angehende, treffende und verpflichtende Sollen macht die Eigenart der Gewissenserfahrung aus. Die Ergründung dieser Gewissenserfahrung gehört zur Grundaufgabe der Ethik. (25)

Ich bin zwar unbedingt verantwortlich vor meinem Gewissen. Woher aber bezieht das Gewissen seine Unbedingtheit? Ist das Gewissen nur meine Privatsache, mit der ich schließlich machen kann, was ich will? Viele denken weiter und sehen die Gewissenserfahrung tiefer darin begründet, daß im Gewissen Gott mich anspricht.

□ Ich bin verantwortlich auch vor *Gott*. - Gott hat mich mit Vernunft ausgestattet. Durch diese Vernunft spricht er mich in meinem Gewissen an und ruft mich verpflichtend auf, in guter Gesinnung das Richtige zu tun. Wer die Verantwortung so sieht, kann das Gewissen als Stimme Gottes bezeichnen. Andere - wie beispielsweise Kant - sehen darin die Stimme der Vernunft. Jedenfalls ist es eine Stimme, die zwar im Innersten des Menschen spricht, aber über dem Menschen steht.

So gesehen kann man Ethik nicht nur als Lehre vom *verantwortlichen* Handeln betrachten. Sie ist die Lehre auch vom *gewissenhaften* Handeln. Dabei ist zu beachten: Es handelt sich um die *Lehre* vom gewissenhaften Handeln. Das heißt:

□ Einerseits ersetzt die Ethik die Gewissenhaftigkeit keineswegs, sie setzt sie vielmehr voraus. Sie ist nicht die Gewissenhaftigkeit selber, sondern nur die Lehre der Gewissenhaftigkeit.

□ Andererseits stellt sie mit ihren theoretischen Richtlinien Entscheidungshilfen für den persönlich zu wagenden und persönlich zu verantwortenden Gewissensentscheid bereit. Obwohl Lehre und Theorie, ist Ethik praxisbezogen. Sie muß nützlich sein für die Praxis und sich in der Praxis bewähren.

(3) Der mittelbare Gegenstand der Ethik: Ethik ist die Lehre vom erfolgreichen Handeln

Wenn wir handeln, handeln wir, um einen Zweck zu erreichen. Wenn der beabsichtigte Zweck erreicht ist, sprechen wir von Erfolg. Denn der Erfolg ist die beabsichtigte Folge zielgerichteten und zweckmäßigen Tuns. Dieser Erfolg ist der mittelbare Gegenstand der Ethik. Darum ist Ethik, richtig verstanden, immer auch Erfolgsethik. (26)

Als Erfolgsethik ist sie die Lehre vom verantwortbaren erfolgreichen Handeln oder vom verantwortbaren Erfolg. Grundlegend hat sie drei Fragen zu beantworten:

☐ Was ist überhaupt Erfolg?

☐ Unter welchen Voraussetzungen ist Erfolg zu verantworten?

☐ Wie kann man auch mit Mißerfolgen auf verantwortbare Weise erfolgreich umgehen?

1) Zunächst fragt die Ethik nach der Eigenart des Erfolgs

Erfolg hat es - wörtlich - mit der Folge zu tun. Erfolgreich bin ich, wenn das erfolgt, weswegen ich gehandelt, mich ans Werk gemacht und mich bemüht habe. So ist der Erfolg der erfüllte Zweck und das erreichte Ziel. Dieser Erfolg ist durch drei Merkmale gekennzeichnet:

☐ Erfolg ist zunächst das *gelungene Werk*. - Die Köchin oder der Koch haben die Suppe sorgsam zubereitet. Nun steht sie - punkt zwölf - dampfend und einen guten Duft verströmend auf dem Tisch. Die Suppe auf dem Tisch ist der *greifbare* Erfolg.

□ Der greifbare Erfolg hat seinerseits eine erste Folge: das *Erfolgserlebnis.* - Das Erfolgserlebnis ist die innere Genugtuung und Freude darüber, daß einem das Werk gelungen ist. Solche Erfolgserlebnisse haben wir nötig. Denn sie ermutigen, das gleiche Werk zu wiederholen oder uns gar an schwierigere Aufgaben zu wagen. Kurz: Erfolg ermutigt.

□ Der greifbare Erfolg hat eine zweite Folge: den *beifälligen Erfolg.* - Der beifällige Erfolg kann unausdrücklich oder ausdrücklich sein:

1. Unausdrücklich ist der beifällige Erfolg, wenn die Tischgenossen die Suppe mit gutem Appetit genießen und bis zum letzten Rest auslöffeln.

2. Ausdrücklich ist der beifällige Erfolg, wenn die Tischgenossen der Köchin oder dem Koch ihren Beifall spenden. Sie sprechen ihre Anerkennung aus. Sie danken.

Auch dieser Erfolg durch Beifall kann seinerseits wiederum ein inneres Erfolgserlebnis bei der Köchin oder dem Koch haben. Manchmal freuen sie sich über den Beifall der andern fast noch mehr als über das gelungene Werk.

Derart kommt es zum vollen Erfolg und zum runden Erfolgserlebnis.

2) Die Ethik fragt sodann nach den Voraussetzungen eines verantwortbaren Erfolgs

Im großen und ganzen ist dies die Hauptfrage der Ethik: Was müssen wir tun, damit unser Handeln und dadurch unser Leben erfolgreich wird, daß also unser Leben gelingt und glückt? Derart ist die Erfolgsethik eine Glücksethik. Nicht umsonst umschreibt *Wilhelm Korff* seine „Perspektiven der Ethik“ mit der Frage: „Wie kann der Mensch glücken?“ Er schreibt: „Die Frage nach dem Glücken menschlichen Daseins ist von der ethischen Frage nicht zu trennen. Der Mensch ist sich selbst aufgegeben. Er muß sein Leben führen. Er muß sich auf Stimmigkeit hin entwerfen.“ Deshalb ist „die Frage nach dem Glück“ zu verstehen „als Frage nach einer humanen Ethik.“ (27)

Vor allem sind zwei Dimensionen erfolgreichen Handelns und glückenden Lebens deutlich zu machen:

□ Einerseits bedarf es der inneren und lauteren Gesinnung. Ethik muß immer auch Gesinnungsethik sein. Sie stellt die Frage nach der inneren Gutheit des Menschen.

□ Anderseits muß das Handeln richtig und damit auf Wertverwirklichung gerichtet sein, und zwar effektiv (also wirksam) und effizient (also mit dem geringsten Mittelaufwand). In diesem genaueren Sinne ist Ethik die Lehre der bewirkten Folgen (also Erfolgsethik).

Gesinnungsethik und Erfolgsethik zusammengenommen ergeben die *Verantwortungsethik*.

3) Die Ethik fragt endlich nach dem Erfolg im Mißerfolg

Die alte Ethik hat viel von Sünde und Schuld geredet. Die heutige Ethik hält sich zurück. Manche Ethiker überlassen die Frage der Schuld lieber der Psychologie. (28)

Dennoch kann die Ethik die Frage des Mißerfolgs, sei es des selbstverschuldeten, sei es des schicksalhaft erlittenen, nicht ausklammern. Denn aufs Ganze gesehen, vermag nur glücklich zu sein, wer auch imstande ist, Schmerz zu ertragen, Verzicht zu leisten, Opfer zu bringen, Schuld zu bereuen, wiedergutzumachen und von neuem anzufangen.

☐ Schon der einfache Menschenverstand weist uns auf eine doppelte Selbsterfahrung hin:

a) Einerseits erfahren wir: Erfolg ermutigt. Mißerfolg entmutigt.

b) Anderseits erfahren wir auch: Oft waren es gerade die anfänglichen Mißerfolge, die uns zu uns selbst und zu einem tieferen Erfolg geführt haben.

Nicht umsonst spricht die Psychologie von der *Frustrationstoleranz.* Sie ist die Fähigkeit, mit Vermissungen (Frustrationen) positiv, konstruktiv und kreativ umzugehen. Dies geschieht dadurch, daß man zum einen seine vielleicht allzu großen Wünsche der härteren Wirklichkeit anpaßt. Zum anderen sind die der Wunscherfüllung im Wege stehenden Hindernisse entschlossen, ausdauernd und phantasievoll aus dem Weg zu räumen. Dann kann, was heute noch nicht ist, (dank der Frustrationstoleranz) morgen doch noch werden.

☐ Vor allem obliegt einer *christlichen Ethik* die Aufgabe, innerhalb der Ethik dafür zu sorgen, daß der Mensch nicht auf einen billigen Glücksträger eingeebnet wird, der, wenn er alles richtig macht, gar nicht anders kann, als von Erfolg zu Erfolg zu schreiten. Die Ethik würde zum verantwortungslosen Geschwätz, wollte sie sich mit jenen Erfolgsseminaren anbiedern, die nur das eine Lied auf der Zunge, aber kaum im Herzen haben: „Ich bin als Sieger auf der Welt . . .“

4) Ergebnis: Umschreibung der Ethik

Ethik ist die (als Hilfe zum persönlichen Gewissensentscheid gedachte) Lehre
- *vom gutgemeinten und sachlich richtigen,*
- *deswegen erfolgversprechenden,*
- *jedoch nicht immer erfolgreichen Handeln des Menschen, das einerseits das Leben selbst dann glücken läßt, wenn nicht jede Handlung gelingt und nicht jeder Tag ein Glückstag ist; und das andererseits dazu beiträgt, daß die Welt mitmenschlich bewohnbar bleibt und anderen Menschen gleichfalls – auf ähnliche Weise – das Leben gelingt.*

Wie geht Ethik voran?

Ethik beschäftigt sich mit dem menschlichen Tun und seinen Folgen. Dabei denkt sie über die Frage nach, unter welchen Voraussetzungen dieses folgenreiche Tun zu verantworten ist. Derart ist sie Handlungslehre unter dem Gesichtspunkt der Verantwortung.

Zu verantworten ist jenes Handeln, das langfristig mehr Werte schafft, als es für deren Verwirklichung verbraucht. Verantwortbar ist also das Handeln, insofern es - langfristig und gesamtheitlich betrachtet - wertvermehrend und nicht wertmindernd ist. Das heißt: Beim verantwortbaren Handeln ist die Wertbilanz positiv. Derart ist Ethik die Lehre von der positiven Wertbilanz. Diese Überlegungen machen deutlich, wie Ethik vorangehen muß. (29)

(1) Zum ersten ist Ethik *Güterlehre.* - Sie fragt und bestimmt, welche Werte und Güter (bzw. welche Unwerte und Schäden) aktuell auf dem Spiele stehen.

(2) Zum zweiten ist Ethik *Normen- oder Pflichtenlehre.* - Sie zeigt an, welche Werte im Konfliktfall normalerweise vorzuziehen sind. Sie stellt Regeln auf, nach denen Werte geordnet und bewertet werden.

Als Beispiele solcher ethischen Normen können gelten:

☐ der *kategorische Imperativ* von Kant:
Handle so, daß es auch dann noch geht, wenn die

anderen gleich handeln würden. Das ist die Regel der Universalisierbarkeit des eigenen Tuns.

□ die sogenannte *Goldene Regel*:
Behandle die andern so, wie du von ihnen behandelt werden möchtest. Das ist die Regel von der persönlichen Betroffenheit.

□ die sogenannten *10 Gebote Gottes*:
Ursprünglich die Sippenordnung von Nomaden aus dem vorderen Orient, wurden sie - spätestens seit Augustinus - zur Lebensordnung des Abendlandes. (30)

So sehr indes Ethik auch Normen- oder Pflichtenlehre ist, so wenig kann sie sich darin erschöpfen. Mit gutem Grund gibt *Georges Enderle* zu bedenken: „Menschliches Leben und Zusammenleben kann nicht ohne ethische Werte und Normen auskommen; sie sind existenznotwendig. Sie sind aber nicht hinreichend für ein ethisch gelungenes Leben. Immer bleibt ein Kernbereich, der durch keine Normen und Vorschriften geregelt werden kann, sondern von jedem Menschen ganz persönlich verantwortet werden muß. So weist der Begriff der Verantwortung auch auf die Würde und Einmaligkeit jedes einzelnen Menschen hin, auf einen Teil der Verantwortung, der von niemand anderem als mir selber getragen werden kann.“ (31)

(3) Zum dritten ist Ethik *Tugendlehre*.- Sie fragt und bestimmt, welche Gewohnheiten aufgebaut und gepflegt werden müssen, damit man - entsprechend den herausgefundenen Normen und

Pflichten – die als verbindlich entdeckten Werte und Güter verwirklichen kann. Sie zeigt, welche Haltungen man sich angewöhnen muß, damit man das als richtig Erkannte auch dann noch zu vollbringen imstande ist, wenn es schwer, gefährlich und mühsam wird. Gerade als Tugendlehre oder als Lehre der guten Gewohnheiten ist die Ethik die Lehre vom glückenden Leben.

□ Die klassische Ethik des Aristoteles und seiner Nachfolger hat die Lehre von den vier Grundtugenden (*Kardinaltugenden*) entwikkelt: (32)

Klugheit ist die Fähigkeit zu erkennen, was ich hier und jetzt verantwortlich zu tun habe.

Tapferkeit ist die Fähigkeit, sich von dem (in der Klugheit) als richtig Erkannten nicht durch die eigene Ängstlichkeit abbringen zu lassen (Zivilcourage).

Mäßigkeit ist die Fähigkeit, sich von dem (klug) als richtig Erkannten und (tapfer) gegen die eigene Ängstlichkeit Festgehaltenen nicht durch die eigene Begehrlichkeit und Launenhaftigkeit abbringen zu lassen (Zuverlässigkeit).

Gerechtigkeit ist endlich die Fähigkeit, sich nicht nur gegenüber sich selbst richtig zu verhalten, sondern auch andere in ihrer Eigenschaft gelten zu lassen und das ihnen Eigene (großzügig) zu gewähren.

□ In der christlichen Theologie spielten vor allem die drei sogenannten *göttlichen Tugenden* eine wichtige Rolle:

Glaube ist die von Gott geschenkte Fähigkeit, sich von Gott (in Jesus Christus) so ansprechen zu lassen, daß man sich - auf sein Geheiß hin - entschlossen auf den weiteren Lebensweg macht.

Hoffnung ist die von Gott geschenkte Fähigkeit, an Gott und seinem Wort auch dann sich festzuhalten, wenn er den vordergründigen eigenen Wünschen nicht willfährig ist, sondern auch Leid und Kreuz zumutet.

Liebe ist die von Gott geschenkte Fähigkeit, in Gott und von Gott her alles - sich selbst, die Mitmenschen, aber auch die Dinge und Geschehnisse der Welt - mit jener Zuneigung zu umfangen, die Ehrfurcht voreinander, Hilfsbereitschaft füreinander und Gemeinschaft miteinander besagt.

□ Dabei fragen wir heute, welche besonderen Grundhaltungen uns gerade jetzt not tun, da unsere Fragen einen immer größeren Welt- und Zeithorizont erhalten. (33)

Wie wird Ethik eingeteilt?

Nach einer gängigen Gliederung besteht die Ethik aus der Individual-, Personal- und Sozialethik. (34)

(1) Die gängige Einteilung der Ethik

1) Bei der *Individualethik* geht es um das eigene Individuum. Sie zeigt, wie der einzelne individuelle Mensch mit sich selbst umgehen muß, damit sein eigenes Leben gelingt. Dabei wird deutlich, daß sein Leben nur dann gelingt, wenn er nicht in sich selbst verschlossen bleibt, sondern sich als Mitmensch auf die anderen hin öffnet.

Daher umfaßt die Individualethik zwei Bereiche. In beiden Bereichen geht es um den verantwortlichen Umgang des Menschen mit sich selbst. Allein der Umgang des Menschen mit sich selbst hat einen doppelten Richtpunkt:

□ Einerseits ist er auf sich selbst bezogen. Seine Selbstbezogenheit stellt ihn vor die Aufgabe der Selbstverwirklichung.

□ Andererseits ist er auf die anderen bezogen. Der Bezug zu den anderen stellt ihn vor die Frage, wie er sich mit Auge und Ohr, mit Mund und Stimme, mit Hand und Fuß herzhaft auf die anderen hin öffnet. Selbstverwirklichung ist nicht möglich ohne Selbstüberschreitung.

2) Bei der *Personalethik* geht es unmittelbar um die zwischenmenschlichen Beziehungen. Sie zeigt auf, wie wir miteinander umgehen müssen,

damit wir uns gegenseitig als Personen mit unverlierbarer Würde achten und es uns persönlich gut geht. Nicht mehr, wie ich mit mir selber umzugehen habe, ist die Frage, sondern: Wie gehe ich mit den andern und dem Nächsten um?

3) Bei der *Sozialethik* geht es um die menschlichen Institutionen. Sie zeigt, wie die menschlichen Institutionen sein müssen, damit sie sowohl das individuelle als auch zwischenmenschliche Leben gelingen und glücken lassen.

(2) Die heutige Problematik der Sozialethik

Das große Problem der heutigen Ethik ist die Sozialethik, und zwar aus zwei Gründen. Der erste liegt in der Neuheit der Fragen, der zweite in der Eigenart der Institutionen.

a) Die Neuheit der Fragen

Im Bereich der Individual- und Personalethik verfügen wir über eine Erfahrung von Jahrtausenden. Aus Familientraditionen entstanden, sind die ethischen Regeln auch heute noch dort gültig, wo wir Menschen einander in die Augen schauen und von Angesicht zu Angesicht begegnen. Aber was bedeuten diese Regeln dort, wo sie den Bereich der unmittelbaren eigenen Erfahrung verlassen?

Daß wir nicht stehlen dürfen und nicht lügen sollen, ist uns allen klar (selbst wenn wir uns leider nicht immer an diese Regeln halten). Allein was heißt „lügen“ im Bereich der Massenmedien? Was ist Diebstahl innerhalb einer Weltwirtschaft mit dem bekannten Nord-Süd-Gefälle, den Entwicklungs- und den Schwellenländern? Die alten Regeln und Denkmodelle greifen zu kurz. Wir brauchen daher beispielsweise eine Ethik der Massenkommunikation und nicht zuletzt eine Wirtschaftsethik.

b) Die Eigenart der Sozialethik

Im Bereich der Individual- und Personalethik kann und muß man von der Selbstverantwortung ausgehen. Jeder ist für sich selbst verantwortlich; und ein jeder ist auch seiner Schwester oder seines Bruders Hüter. In diesem Umkreis spielen die lautere Absicht und die gute Einstellung gegenüber sich selbst und dem Nächsten eine tragende Rolle. Man kann und muß an den guten Willen appellieren (auch dann, wenn der Appell nicht auf Emotionen, sondern einer sachlichen Argumentation beruht).

Im Bereich der Sozialethik trägt die gute Meinung nicht weit. Denn hier geht es unmittelbar nicht um Menschen, sondern um Institutionen. Institutionen können aber als solche nicht gut gemeint und gut gesinnt sein. Ihre Aufgabe ist es vielmehr, gerecht und nützlich zu sein. Wirklich nützlich sind indes die Institutionen nur, wenn sie auch tatsächlich auf gerechte Weise funktionieren.

(1) Institutionen müssen zunächst *nützlich* sein. - Institutionen haben keinen Sinn und darum auch keinen Wert in sich selbst. Der Sinn und Wert ist vielmehr bezogen auf die Ermöglichung

menschenwürdigen Daseins. Sie sollen gemeinschaftliches Leben ermöglichen und erleichtern. Sie sollen den einzelnen von vielem entlasten, was er zwar braucht, aber allein nicht kann. Derart haben Institutionen keinen Selbstwert, wohl aber einen hohen Nutzwert.

(2) Institutionen müssen *gerecht* sein. - Institutionen wachsen nicht von selbst. Sie müssen geschaffen, erhalten und von allen getragen werden. Das ist mit Mühe verbunden und bedeutet Lasten. So kommt es zum einen darauf an, daß alle vom Nutzen der Institutionen profitieren. Zum andern müssen die Lasten der Institutionen gleichmäßig verteilt werden. Beides ist Aufgabe der Gerechtigkeit, die bekanntlich jedem das Seine zuerkennen und zuteilen will.

Zur Eigenart der Gerechtigkeit aber gehört es, daß man jedem sachlich das Seine zuteilt. Ob ich ihm seine Sache gerne oder ungerne gebe, spielt keine Rolle oder ist mindestens zweitrangig. Die Hauptsache bleibt, daß ich ihm die Sache als solche gebe. Beispielsweise verlangt die Steuergerechtigkeit nicht, daß man die Steuern fröhlichen Herzens bezahle. Der Steuerpflicht genügt man, wenn man einen Steuerbetrag entrichtet, der dem entspricht, was man der Gemeinschaft schuldet.

Dieser Gedanke ist besonders für die *Unternehmensethik* wichtig. Einerseits genügt es, wenn einer unternehmerisch einer umfassend verstandenen Gerechtigkeitspflicht nachkommt. Ob er gerecht handelt, weil er sich davon Nutzen verspricht oder weil er sich dazu – unabhängig von jeglicher Nützlichkeitsüberlegung – innerlich verpflichtet weiß, spielt zunächst keine Rolle. Die Hauptsache bleibt die gerechte *Leistung*, nicht die gerechte Gesinnung.

Andererseits wird man gesamt und längerfristig dennoch nicht auf das Bemühen um eine gerechtere *Gesinnung* verzichten dürfen. Denn auf die Dauer wird man die gerechte Leistung nur erbringen, wenn man sich auch innerlich um Gerechtigkeit müht. Sonst verlegt man sein ganzes Sinnen und Trachten darauf, Gesetzeslücken zu entdecken und sie weidlich auszunützen. Ohne die Gesetze zu verletzen, wird man sie zu umgehen trachten. Am Ende steht ein gesetzlicher Minimalismus, der die Unternehmenskultur zur Unkultur abgleiten und entarten läßt.

Im übrigen ist der Nützlichkeitsgedanke in der Sozial- wie in der Unternehmensethik ein *theoretisches Problem*, das noch keineswegs befriedigend gelöst ist. Dabei geht es um die Frage: Führt die Wirtschafts*lehre*, wenn sie folgerichtig zu Ende gedacht ist, auch schon zur Wirtschafts*ethik*, so daß Wirtschaftslehre ohne Wirtschaftsethik noch gar nicht konsequent durchdachte Wirtschaftslehre ist? Oder tritt die Wirtschaftsethik gleichsam von außen an die Wirtschaftslehre heran? Ohne Zweifel werden wir theoretisch um die Klärung dieser Fragen ringen müssen. Dennoch sollte die Frage in der unternehmerischen Praxis nicht überschätzt werden.

(3) Institutionen müssen, damit sie auf gerechte Weise nützlich sind, auch *funktionieren*. - Unrichtig und lieblos gesagt: Wenn ein einzelner Mensch nicht funktioniert, ist es zunächst sein Problem. Wenn Institutionen nicht funktionieren, ist es unser aller Problem. Häufig genug ist das Problem ein Überlebensproblem. Deshalb kommt alles darauf an, daß Institutionen auf wirksame Weise funktionieren.

Institutionen funktionieren jedoch nur, wenn sie von der Allgemeinheit getragen werden und damit nicht bloß von jenen, die sie aufgrund innerer Einsicht und einer hohen ethischen Gesinnung unterstützen. Institutionen müssen auch mit mittelmäßigen Menschen, mit Unheiligen, ja mit Verbrechern fertig werden können.

Deshalb genügen im Bereich der Institutionen weder hochmoralische Appelle noch sachliche Argumente. Es muß auch schlagende Beweise geben, die hieb- und stichfest sind. Aus diesem Grunde muß die Institutionenethik an *besondere Spielregeln* denken. Sie müssen von dreierlei Art sein. (35)

□ In den Institutionen brauchen wir *Spielregeln des Zusammenlebens*, die wir gemeinsam beschließen. Denn nur so fühlen wir uns auch gemeinsam gebunden und verpflichtet. Derart brauchen wir beispielsweise in der Institution des Staates die Spielregeln der Verfassung und der Rechtsordnung. Dies sind die Spielregeln erster Ordnung.

☐ In den Institutionen brauchen wir sodann Spielregeln für jene, die sich nicht an die Spielregeln der ersten Ordnung halten. Wir brauchen *Sanktionen* gegen die Spielverderber. In der Institution des Staates ist dies die Strafrechtsordnung. Diese Spielregeln bilden die Spielregeln zweiter Ordnung.

☐ In den Institutionen brauchen wir schließlich *Maßnahmen* für den Fall, daß sich einer nicht an die Spielregeln gehalten und sich dadurch die Sanktionen zugezogen hat. Sanktionen sind nämlich nur dann sinnvoll, wenn sie nicht bloße Drohgebärden bleiben, sondern unverzüglich verhängt werden. Wer nicht hören will, muß fühlen. Wer sachlichen Argumenten ausweicht, bedarf der schlagenden Beweise.

Daß in diesem Bereich wiederum schwierige sozialethische Fragen entstehen, versteht sich leicht. Daß damit nicht weniger schwierige politische Probleme verbunden sind, erleben wir – im großen wie im kleinen – Tag für Tag. (36)

Trotzdem dürfen wir uns nicht auf die Tagesproblematik beschränken. Es lohnt sich ein abschließender Blick in die Geschichte.

Wie läßt sich Ethik am Beispiel dreier Persönlichkeiten verdeutlichen?

Vielleicht hat einer die eher theoretischen und – in ihrer Kürze – vielleicht schwer verständlichen vorangegangenen Äußerungen übersprungen. Das soll ihn keineswegs reuen. Es genügt, wenn er weiß:

Ethik ist die Lehre von der Verantwortung oder vom verantwortbaren Handeln des Menschen.

Was diese Aussage bedeutet, wird deutlich, wenn man an drei große Persönlichkeiten der Weltgeschichte denkt. Diese Persönlichkeiten sind der Grieche Sokrates (469-399 v. Chr.), der Jude Paulus (1. Jahrhundert) und der ostpreußische deutsche Philosoph Immanuel Kant (1724-1804).

(1) Sokrates: Das Ethos der Gewissenhaftigkeit

Sokrates geht auf den Markt von Athen und betreibt Marketing im Sinne der Marktforschung. Er fragt: Was sind die Gepflogenheiten auf dem Markt von Athen? Ist das, was die anderen tun, allein schon deswegen, weil es die anderen tun und weil man es eben so macht, auch schon gut genug für mich? Damit stellt er die Konventionen und Gepflogenheiten kritisch in Frage. Er tut es nicht in der Absicht, sie einfach abzuschaffen. Er will sie vielmehr dadurch tiefer begründen, daß er sie auf den Gewissensentscheid des einzelnen bezieht.

Seit Sokrates könnte man daher sagen: In der Ethik geht es um den *persönlichen* Gewissensentscheid. Dabei will Ethik den persönlichen Gewissensentscheid keineswegs ersetzen. Sie setzt ihn vielmehr voraus. Sie versteht sich als Hilfe für den persönlich zu wagenden und zu verantwortenden Gewissensentscheid. Sie hebt das Wagnis des Gewissensentscheides nicht auf. Aber sie vermindert dessen Risiko.

Sokrates hat in *Blaise Pascal* einen besonders eindrucksvollen Nachfolger gefunden. Pascal sagt: „La vraie morale se moque de la morale." Er meint damit: Wer wirklich gewissenhaft denkt, muß sich immer wieder neu fragen, ob die herrschende Moral oder die Moral der Herrschenden auf der Höhe der Humanität steht, zu der wir hier und jetzt fähig sind. (37)

(2) Saulus von Tarsus (Paulus): Das gewissenhafte, christliche Ethos

Als frommer Pharisäer hat der Jude Saulus aus Tarsus nicht nur ein hohes Ethos. Er verfügt auch über eine beachtenswerte Ethik. Allein er geht in dieser pharisäischen Ethik auf. Er ist weder fähig noch bereit, sie kritisch in Frage zu stellen.

Nun fällt er vor den Toren der Stadt Damaskus vom hohen Roß herunter. Er sieht, daß er blind ist. Seiner Verblendung einsichtig geworden, fragt Saulus, der damit zum Paulus wird: „Herr, was willst *Du*, daß ich tun soll?"

Mit anderen Worten: Er ringt nicht einsam wie Sokrates allein mit sich um einen persönlichen Gewissensentscheid. Er fragt über sich hinaus einen anderen. Dieser ganz andere ist für ihn Jesus, den er bisher - in seinen Schwestern und Brüdern - verfolgt hat. Mit der Frage nach dem, was sein Herr Jesus Christus von ihm will, ist die Grundfrage des christlichen Ethos treffend zur Sprache gebracht. (38)

(3) Immanuel Kant: Ethik als Lehre vom Ethos

Weder Sokrates noch Paulus haben eine Ethik als ausgefeilte Lehre entwickelt. Sie haben ihr persönliches oder christliches Ethos praktisch vorgelebt und daran einzelne, mehr theoretische Folgerungen geknüpft. Anders Kant. Anschließend an die ethische Grundfrage entwickelt er eine Ethik als wissenschaftliche Lehre. Er nennt sie - verkürzt und mißverständlich - „Moral". Kant schreibt:

„Das Feld der Philosophie in dieser weltbürgerlichen Bedeutung läßt sich auf folgende Fragen bringen:
a) Was kann ich wissen?
b) Was soll ich tun?
c) Was darf ich hoffen?
d) Was ist der Mensch?

Die erste Frage beantwortet die Metaphysik, die zweite die Moral, die dritte die Religion, die vierte die Anthropologie. Im Grunde könnte man aber alles dieses zur Anthropologie rechnen, weil sich die drei ersten Fragen auf die letzte beziehen." (39)

Die ethische Grundfrage in der Formulierung Kants scheint uns heute allzu sehr auf das eigene Ich eingeengt. Ohne die Berechtigung der Frage Kants zu bestreiten, müssen wir sie heute erweitern. Dann lautet die ethische Grundfrage: Was sollen wir (gemeinsam) tun?

In diesem Sinne können wir - zusammenfassend - die Ethik folgendermaßen umschreiben:

Ethik ist der Versuch, auf die Frage „Was sollen wir tun?" eine begründete, zusammenhängende, methodisch einwandfreie Antwort zu finden.

Auf jeden Fall macht schon Kants Frage deutlich, worum es in der Ethik geht.

☐ Es geht erstens um das menschliche Tun und dessen Folgen.

☐ Es geht zweitens um das, was wir tun sollen oder um den Gegenstand des Handelns.

☐ Es geht um das Sollen dieses Tuns und damit um seinen verpflichtenden Charakter oder um die Verantwortlichkeit für dieses Tun. (40)

Welche ethischen Mißverständnisse sind im Blick auf die Unternehmensethik zu vermeiden?

Unternehmensethik wird nicht selten mißverstanden. Bereits das bisher allgemein über die Ethik Ausgeführte läßt einige häufige Mißverständnisse klären. Dabei ist vor allem folgendes zu beachten:

(1) Unternehmensethik ist eine Lehre

Als Lehre ist Unternehmensethik nicht das Unternehmensethos, sondern dessen Theorie. Sie stammt zwar - hoffentlich - aus der Praxis, aber sie ist noch nicht die Praxis selbst. Sie ist eine Lehre und nicht schon deren Verwirklichung. Als Lehre enthält sie Richtlinien als Entscheidungshilfen. Diese Entscheidungshilfen ersetzen den persönlich zu wagenden Gewissensentscheid nicht, sondern setzen ihn voraus und sind ihm behilflich, daß er sachlich und wertmäßig richtig fällt.

Im übrigen geht es der Unternehmensethik wie der Ethik überhaupt: Sie wird nicht schon dadurch außer Kraft gesetzt, daß man ihren Richtlinien nicht folgt. Sie kann in diesem Sinne zwar wirkungslos sein, ohne deswegen schon falsch sein zu müssen. Als Lehre wird die Ethik letztlich erst durch eine gegenteilige Lehre und nicht durch eine der Lehre zuwiderlaufende Praxis widerlegt.

(2) Unternehmensethik ist eine wissenschaftliche Lehre, nicht eine fromme Predigt

Manche stellen sich unter Unternehmensethik eine beschwörende Predigt oder gar einen Bannfluch über die Wirtschaft vor. Gewiß soll Unternehmensethik auch als Lehre alles daran setzen, daß es nicht bei der Lehre bleibt, sondern daß eine Praxis daraus folgt. In diesem Sinne soll sie durchaus zu einem guten Leben und einem wahrhaft menschlichen Unternehmensverhalten motivieren.

Allein als wissenschaftliches Unterfangen hat sie zu motivieren, nicht indem sie appelliert, sondern indem sie argumentiert. Sie muß die Nützlichkeit des unternehmerisch richtigen Verhaltens und die Schädlichkeit des unrichtigen Verhaltens so deutlich machen, daß die Nützlichkeit und Schädlichkeit verstandesmäßig eingesehen werden können. Insofern ist – zum Leidwesen mancher – Unternehmensethik rational und nüchtern, nicht aber illusionär und pathetisch.

Ein Beispiel macht die Mißverstehbarkeit der wissenschaftlichen Unternehmensethik deutlich. Ich hatte über Unternehmensethik gesprochen. Anschließend saßen wir beim Abendessen zusammen. Der führende Mitarbeiter eines großen Unternehmens sagte mir, er sei enttäuscht. Vergangene Woche hätte sich sein Sekretär das Leben genommen. Das habe ihn tief getroffen. Er sei heute abend zum Vortrag gekommen in der Hoffnung, auf den für ihn unerklärlichen Tod seines Mitarbeiters eine hilfreiche Antwort zu finden. Ich hätte seine Frage nicht einmal berührt.

Der Mann war mit Recht enttäuscht. Mein Fehler lag indes nicht darin, daß ich im Zusammenhang mit Unternehmensethik nicht auch noch die Frage der Selbsttötung angeschnitten hatte. Vielmehr hatte ich darin gefehlt, daß ich vor dem Vortrag mich nicht an den kleinen Kreis der Zuhörer gewandt und gefragt hatte, was ihnen denn - vor allem anderen - am Herzen liege und auf den Magen drücke. Dann hätte ich zunächst auf die persönliche Frage eher seelsorglich eingehen können, um nachher und von dort - aus einer tieferen menschlichen Betroffenheit - die unternehmensethischen Fragen anzugehen.

(3) Unternehmensethik ist nichts besonders Neues

Unternehmensethik ist im Grunde kein Kind unserer Tage, sondern - in der vorreflektierten Form des Unternehmensethos - so alt wie das Unternehmen selbst. Genauer gesagt: Das Unternehmens*ethos* gibt es, seit es wohlmeinende und erfolgreiche Unternehmer gibt. Erst die Unternehmens*ethik* als nachträgliche, systematische und gründlich bedachte Reflexion ist neu. (41)

(4) Unternehmensethik ist nichts Äußerliches

Unternehmensethik kommt nicht von oben herab oder von außen her nachträglich auch noch dazu, so daß zum guten Schluß auch noch der Ethiker etwas zu sagen hätte. Ethik ist kein Zuckerguß auf das Handeln. Das Ethische ist vielmehr immer schon im Handeln drin. Es kommt nur darauf an, die in der Sache und im Handeln liegende ethische Dimension herauszuarbeiten.

Das heißt: In der vorreflektierten und vorwissenschaftlichen Form des gelebten Unternehmensethos ist Unternehmensethik immer schon da und vorhanden. Als reflektierende Unternehmensethik beginnt sie überdies nicht erst an der Universität, sondern schon dort, wo ein Unternehmer oder andere sich darüber Gedanken machen, wie sie das unternehmerische Tun verantworten können. (42)

(5) Unternehmensethik ist eine Ethik für das Unternehmen

Unternehmensethik ist nicht die Ethik *des* Unternehmens, sondern die Ethik *für* das Unternehmen. - Der Einwand lautet: Es kann eine Unternehmensethik allein schon deswegen nicht geben, weil das Unternehmen als Unternehmen keine Verantwortung zu tragen imstande ist. Es gibt daher immer nur die Ethik des einzelnen Unternehmers.

Der Einwand beruht auf der Verwechslung des Genitivus obiectivus mit dem Genitivus subiectivus:

□ Der Genitivus *subiectivus* nennt den Träger des im Bezugswort genannten Geschehens oder Zustands. Nehmen wir als Beispiel den Ausdruck: die Ankunft des Zuges. Der Zug steht im Genitivus subiectivus. Denn er ist das eigentliche Subjekt. Dies wird deutlich, wenn wir die Genitivkonstruktion in einen entsprechenden Satz umformen. Dann wird aus dem Genitivattribut das Subjekt des Satzes: der Zug kommt an. Im Sinne des Genitivus subiectivus kann es in der Tat keine Unternehmensethik geben. Denn das Unternehmen selbst kann weder Subjekt der Verantwortung noch Träger der Ethik sein.

□ Der Genitivus *obiectivus* nennt das Ziel beziehungsweise den Betroffenen des im Bezugswort genannten Geschehens. Da haben wir beispielsweise den Ausdruck: die Befreiung der Geiseln. Die Geiseln sind das Objekt oder der Gegenstand und das Ziel der Befreiung. Wiederum kann man die Genitivkonstruktion in einen entsprechenden Satz umformen. Dann wird aus dem Genitivattribut das Objekt des Satzes: man befreit die Geiseln. (43)

Im Sinne des Genitivus obiectivus gibt es ohne Zweifel eine Unternehmensethik. Denn es ist durchaus eine Ethik möglich, welche das Unternehmen ganz besonders betrifft. So wenig es Subjekt der Ethik sein kann, so sehr kann es Gegenstand (Objekt) der Ethik sein.

Kurzum: Das Subjekt der Unternehmensethik oder genauer des Unternehmensethos ist immer der Unternehmer selbst. Das Objekt der Unternehmensethik ist jedoch das Unternehmen. Dies genügt, um den Ausdruck „Unternehmensethik“ als sinnrichtig zu betrachten.

(6) Unternehmensethik kann und soll auch nützlich sein (44)

Unternehmensethik widerspricht keineswegs der unternehmerischen Nützlichkeit. - Nicht selten kann man hören: Wieviel Ethik erträgt ein Unternehmen? Die Frage wird dann häufig wie folgt beantwortet: In guten Zeiten der Hochkonjunktur kann man sich viel Ethik leisten. In schlechten Zeiten muß man darauf verzichten. Dieser Ansicht liegt ein doppeltes Mißverständnis zugrunde:

☐ Zum einen muß selbstverständlich die Ethik dem Umstand Rechnung tragen, ob die zu beurteilende Handlung in einer Situation wirtschaftlicher Blüte oder wirtschaftlichen Niedergangs geschieht. Gleiche ethische Prinzipien auf unterschiedliche Situationen angewandt, führen zu unterschiedlichen Ergebnissen. Ein Beispiel macht dies deutlich. Im einen Fall ordnet der Arzt für ein krankes Bein Heublumenwickel an. Im anderen Fall schreitet der Arzt zur Amputation. Handelt der Arzt im zweiten Falle medizinisch und auch ethisch weniger richtig? Keineswegs - vorausgesetzt, daß das Bein nicht mehr zu retten war und er es amputieren mußte, um das Leben des Patienten zu retten.

☐ Zum anderen kommt es darauf an, was man als Nutzen wertet. Entsprechend lautet die Antwort:

a) Ethisch zu handeln widerspricht einem kurzfristigen und einseitigen (bloß finanziellen) Nutzen: Das bleibe dahingestellt oder mag allenfalls zutreffen.

b) Ethisch zu handeln widerspricht einem ganzheitlichen und längerfristigen (vor allem menschlichen) Nutzen: Dem ist entschieden zu widersprechen.

Verstand und Erfahrungen zeigen: Das ethisch Falsche kann nicht das ökonomisch Richtige sein. Auch das Umgekehrte gilt: Das ökonomisch Falsche kann nicht das ethisch Richtige sein. Denn sowohl der Ethik als auch der Ökonomie geht es um den Menschen. In beiden Bereichen des menschlichen Lebens geht es um das Menschenmögliche, Menschengemäße, Menschengerechte und Menschendienliche.

Daß dies so ist, zeigt die Erfahrung, wie sie in machen *Sprichwörtern* zutage tritt. Man denke etwa an die folgenden:

- Ehrlich währt am längsten.
- Unrecht Gut gedeihet nicht.
- Wohltun trägt Zinsen.
- Lügen haben kurze Beine.
- Die Sonne bringt es an den Tag.
- Üb immer Treu und Redlichkeit . . .

Solche Volksweisheiten haben einen hohen Wahrheitsgehalt. Aber es fehlt ihnen die wissenschaftliche und zusammenhängende Begründung. Darum müssen wir gerade jetzt fragen, was Unternehmensethik positiv und im besonderen ist.

(7) Unternehmensethik ist möglich

Manche scheinen am Sinn einer Unternehmensethik allein schon deswegen zu zweifeln, weil sie an der Möglichkeit der Ethik überhaupt zweifeln. Sie sagen: Es gibt keine allgemein anerkannte Ethik mehr. Es gibt nur verschiedene Ethikansätze, die sich gegenseitig in Frage stellen. Was übrig bleibt, ist ein hochgelehrtes Professorengezänk in einer parteichinesischen Sprache oder in einer babylonischen Sprachverwirrung.

Der Wahrheitskern dieser Ansicht sei nicht bestritten. In der Tat ist es anstrengend und mühevoll, die unterschiedlichsten Ethikentwürfe von heute zur Kenntnis zu nehmen.

Nicht selten fragt man sich am Ende ernüchtert, ob sich die Mühe gelohnt hat. So viel Gelehrtheit, so wenig Ertrag. Nur mit Mühe erwehrt man sich des Eindrucks, daß zwar die Intellektualität bedeutend zugenommen hat, aber keineswegs die Intelligenz.

Resignation liegt nahe. Man zuckt die Schultern und läßt alles in der Schwebe. Man sucht einen Standort außerhalb der Standpunkte. Am besten, man hält sich aus allem heraus. Der Versuch liegt nahe.

Allein der Versuch ist eine Versuchung. Er taugt nichts. Denn der Standort außerhalb der Standpunkte ist auch nichts anderes als ein Standort. Auch wer alles in der Schwebe läßt, läßt wenigstens das nicht in der Schwebe, daß alles in der

Schwebe bleibt. Wer behauptet, nichts ist entscheidbar, hat schon entschieden. Nur hat er den Entscheid für die Unentscheidbarkeit gefällt. Gedanken müssen nicht nur gedacht, sondern auch logisch zu Ende gedacht werden. Zu Ende gedacht, läßt sich der Schwebezustand des Skeptikers nicht halten.

Am besten bleibt noch immer: Man versucht, seinen eigenen Standort zu bestimmen und sich der Grundlagen zu vergewissern. Man muß und kann wissen, wo man steht. Dann kann man versuchen, den eigenen Standort anderen bekanntzugeben. Man lädt sie ein, mit- und nachzudenken. Vielleicht könnte es dann geschehen, daß der eigene Standpunkt auch zum Standort anderer wird.

Dazu ist freilich das Bemühen um Verständigung vonnöten. Hierfür bedarf es des persönlichen Engagements. Nicht weniger notwendig sind aber auch klare Begriffe, logisch richtige und verstandesmäßig überschaubare Argumente. Außerdem muß man sich bemühen, was man selbst für richtig hält, so klar und einfach auch anderen zu sagen, daß sie es zu verstehen vermögen. Gewiß gibt es kein Denken ohne Denkanstrengung. Allein, wer den anderen eine Denkanstrengung zumutet, die nicht von der Sache oder der Frage her notwendig ist, vermag entweder nicht klar, logisch und diszipliniert zu denken, oder er hat zu reden begonnen, als er mit seinen Gedanken noch nicht im reinen war.

Beides ist möglich. Auch unter Professorinnen und Professoren. Lassen wir uns durch das intellektuelle Imponiergehabe so mancher aus der Professorenzunft nicht davon abhalten, den gesunden Menschenverstand walten zu lassen. Halten wir es mit *Professor Dr. Guy Kirsch*: „Es gibt viele und subtile Definitionen von Ethik, und jeder, der in der Bescheidenheit seines Geistes eine vergleichsweise einfache Begriffsfassung in Vorschlag bringt, läuft Gefahr, ein Simpel gescholten zu werden."

Er fährt fort: „Trotzdem: Wir wollen von der Alltagserfahrung ausgehen, daß der Mensch - soll er als Mensch leben, ja auch nur überleben, geschweige denn gut leben - auf den Umgang mit sich, mit anderen Menschen, mit anderen Lebewesen und mit den Dingen dieser Welt angewiesen ist. Ob und wie jemand lebt, überlebt, beziehungsweise gut lebt, hängt von der Art dieses Umgangs ab. Das Streben der Ethik zielt auf die ‚buona vita': entsprechend ist es der Ethik um jene Normen zu tun, die es dem Menschen erlauben, auf die Dauer mit sich, seiner gesellschaftlichen und seiner natürlichen Umwelt in Einklang zu leben." (45)

Halten wir fest: Ethik ist möglich. Dann aber kann auch Unternehmensethik nicht von vornherein unmöglich sein. Sehen wir zu.

Unternehmensethik ist ein Teil der Wirtschaftsethik

Die Unternehmensethik hat es ohne Zweifel mit der Wirtschaftsethik zu tun. Dies ist denn auch unbestritten. Umso mehr gehen die Meinungen darüber auseinander, was man unter Wirtschaftsethik zu verstehen hat. Wer der Auseinandersetzung aus dem Wege gehen will, findet leicht einen Ausweg. Er spricht dann nicht von der Wirtschaftsethik, sondern von der Ethik in der Wirtschaft. Noch allgemeiner kann er der Frage nachdenken „Wirtschaft und Ethik" (46). Wenn er allerdings die Frage nach „Wirtschaft und Ethik" zu Ende denken will, muß er sich überlegen, wo er beginnen soll, nämlich bei der Ethik oder bei der Wirtschaft.

□ Man kann bei der *Ethik* ansetzen. Ethik ist - wie gezeigt - die Lehre vom verantwortlichen und verantwortbaren Handeln. Nun ist ohne jeden Zweifel auch das wirtschaftliche Tun des Menschen ein Handeln, das es zu verantworten gilt. Folglich gehört auch das wirtschaftliche Handeln zum Gegenstandsbereich der Ethik. So gesehen ist Wirtschaftsethik die Anwendung der (allgemeinen) Ethik auf die Wirtschaft.

Voraussetzung dieser Vorgehensweise ist, daß es eine Ethik gibt, die unabhängig von der Wirtschaft und den Wirtschaftswissenschaften entwickelt wurde. Darum befürchten manche, eine derartige Ethik stünde der Wirtschaft als Fremdkörper gegenüber. Sie hätte lediglich die Aufgabe, die Wirtschaft zu domestizieren. (47)

□ Man kann umgekehrt mit der *Wirtschaft* beginnen. – Dann versucht man, der Wirtschaft auf den Grund zu gehen. Am Grunde angekommen, begreift man, daß es bei der Wirtschaft um weit mehr geht als um das, was wir tagtäglich als Wirtschaft erleben. Es geht um den Menschen, der einerseits unbegrenzte Bedürfnisse und Wünsche besitzt, dem andererseits für die Befriedigung der Wünsche und Bedürfnisse nur begrenzte Mittel zur Verfügung stehen, die zu allem anderen auch noch vielseitig verwendbar sind. Mit anderen Worten: Es geht um den Menschen, der unter Knappheitsbedingungen lebt und dessen Leben nur gelingen und glücken kann, wenn er es lernt, unter Knappheit zu leben und die Knappheitsfolgen zu bewältigen. (48)

Nun aber ist die Ethik bekanntlich die Lehre vom gelingenden und glückenden Leben. Wenn daher die Frage der Wirtschaft und Wirtschaftlichkeit so weit vorangetrieben wird, daß man sich nach dem - auch unter Knappheit und Knappheitsfolgen - gelingenden und glückenden Leben fragt, wird die Wirtschaftstheorie zur Wirtschaftsethik. So gesehen, hat die Wirtschaftstheorie nicht eine Ethik von auswärts bezogen. Sie hat vielmehr aus sich selbst heraus eine Wirtschaftsethik entwickelt.

Trotz des unterschiedlichen Ausgangspunktes - hier bei der Ethik, dort bei der Wirtschaft - haben beide Auffassungen etwas gemeinsam. Sie denken nicht nur nach, sondern versuchen, ihren Ausgangsbegriff zu Ende zu denken. Dann heißt es im einen Fall: Ethik muß, zu Ende gedacht, auch zur Wirtschaftsethik führen. Für den zweiten Fall besagt es: Wirtschaft mündet, zu Ende gedacht, auch in eine Wirtschaftsethik.

Die Auseinandersetzung um Begriff, Begründung und Gestalt der Wirtschaftsethik ist im Gange. Ihr Ende ist nicht abzusehen. Die Professoren auf den wirtschaftsethischen Lehrstühlen wollen beschäftigt sein. Nicht weniger wollen sie ihre Intellektualität unter Beweis stellen und gelegentlich sich auch selbst profilieren. In unserem - auf die Praxis bezogenen - Zusammenhang darf indes die theoretische Auseinandersetzung unerörtert bleiben. Es genügt, daran zu erinnern, daß die Ethik die Lehre erstens vom Ethos, zweitens von der Verantwortung und drittens vom verantwortbaren und erfolgreichen Handeln und dadurch vom gelingenden und glückenden Leben ist. Dies vorausgesetzt, muß die Wirtschaftsethik die Lehre sein erstens vom wirtschaftlichen Ethos, zweitens von der Verantwortung in der Wirtschaft und drittens vom verantwortbaren und erfolgreichen wirtschaftlichen Handeln, das als solches dazu beiträgt, daß unser und der andern Leben gelingt und glückt. (49)

Dies ist im folgenden kurz zu erläutern.

1. Wirtschaftsethik ist - dem Wort nach - die Lehre vom wirtschaftlichen Ethos

Die Wirtschaftsethik hat das gängige wirtschaftliche Ethos (und damit die in einer Gesellschaft geltenden Spielregeln des Wirtschaftens)

□ kritisch in Frage zu stellen,
□ tiefer zu begründen und
□ in einen größeren Zusammenhang zu bringen. (50)

2. Wirtschaftsethik ist - dem unmittelbaren Gegenstande nach - die Lehre vom verantwortbaren wirtschaftlichen Handeln des Menschen

Die Wirtschaftsethik beschäftigt sich mit dem wirtschaftlichen Handeln des Menschen und fragt im besonderen, ob und wie man es (vor allem gewissensmäßig) verantworten kann.

(1) Zuerst muß die Wirtschaftsethik sich um ein angemessenes *Verständnis der Wirtschaft* bemühen. Zu diesem Zweck muß sie zunächst das alltägliche wirtschaftliche Geschehen betrachten. Sodann hat sie bei den verschiedenen Wirtschaftswissenschaften in die Schule zu gehen und sich eine hinreichende Kenntnis der wirtschaftlichen Gesetzmäßigkeiten zu verschaffen. Endlich hat sie - im Sinne einer Wirtschaftsphilosophie - die Hintergründe des Wirtschaftens zu bedenken. (51)

Dabei zeigt sich ein Doppeltes:

□ Das wirtschaftliche Handeln besteht - entgegen der landläufigen Auffassung - zuallererst in inneren *Wahlhandlungen* des Menschen. Er muß sich nämlich dazu entschließen, sich als leibhaft-geistiges Wesen eine bestimmte Art und Weise der Selbstverwirklichung zum Ziele zu setzen. Um dieses Ziel auch zu erreichen, muß er sich in der Folge dafür entscheiden, bestimmte, knappe, aber vielseitig verwendbare Mittel einzusetzen. Kurzum: Beim wirtschaftlichen Handeln geht es zuletzt um eine Wahl der Ziele und der hierfür einzusetzenden Mittel. (52)

□ In der Ausführung dieser inneren Wahlhandlungen kommt es - in zweiter Linie - zum Gegenstandsbereich der Wirtschaft und damit zu dem, was wir gemeinhin unter Wirtschaft verstehen. So gesehen, ist Wirtschaft dann die *Gesamtheit aller Einrichtungen und Maßnahmen* menschlicher Daseinsgestaltung, die sich auf Produktion und Konsum knapper und vielseitig verwendbarer Güter bezieht.

(2) Dieses wirtschaftliche Handeln hat die Wirtschaftsethik unter dem Gesichtswinkel der Verantwortung zu untersuchen. Welche Voraussetzungen müssen gegeben sein, damit wir, was wir wirtschaftlich tun, auch zu verantworten imstande sind?

3. Wirtschaftsethik ist - dem mittelbaren Gegenstande nach -die Lehre vom verantwortbaren, erfolgreichen wirtschaftlichen Handeln des Menschen

Die Wirtschaftsethik soll den wirtschaftlichen Erfolg keineswegs bremsen, sondern - im Gegenteil - langfristig gewährleisten helfen. Sie will den persönlichen Gewissensentscheid der Wirtschaftenden keineswegs ersetzen. Wohl aber hat sie den Wirtschaftenden so ins Gewissen zu reden, daß sie den gesamthaften und langfristigen Erfolg höher werten als den schnellen, kurzfristig und unredlich erreichten Augenblickserfolg. So gesehen läßt sich die Wirtschaftsethik wie folgt umschreiben:

Wirtschaftsethik ist die (als Hilfe zum persönlichen Gewissensentscheid gedachte) Lehre vom gewissensmäßig verantwortbaren, gutgemeinten und sachlich richtigen, deswegen Erfolg versprechenden, jedoch nicht immer erfolgreichen wirtschaftlichen Handeln des Menschen,
- *durch das er für sich und andere die materiellen Voraussetzungen schafft,*
- *um das menschliche Dasein menschenwürdig und menschenfreundlich zu gestalten. (53)*

Von dieser dreifachen Bestimmung der Wirtschaftsethik her ist auch der Begriff der Unternehmensethik zu entwickeln.

Unternehmensethik ist die Ethik des Unternehmens

Der Begriff der Wirtschaftsethik ist, wie wir gesehen haben, theoretisch sehr umstritten. Dies muß sich notwendigerweise auswirken auf das Verständnis auch der Unternehmensethik. Gerade für das unternehmerische Handeln fehlt eine allgemein anerkannte, verständliche und praxisbezogene Umschreibung. (54) In unserem Zusammenhang müssen folgende Andeutungen genügen.

1. Unternehmensethik ist – dem Worte nach – die Lehre vom unternehmerischen Ethos

Als Lehre vom unternehmerischen Ethos ist die Unternehmensethik die Lehre von jenen (guten) Gewohnheiten im Unternehmen,

☐ ohne die ein Unternehmen nicht ein Beitrag zum friedlichen und freiheitlichen Zusammenwohnen ist,

☐ die nicht von selbst entstehen, sondern überlegt und durch langes und immerwährendes Einüben erworben und erhalten sein wollen.

(1) Wiederum hat die Unternehmensethik sich zunächst darüber Rechenschaft zu geben, was eigentlich ein Unternehmen ist. Aus der Betriebswirtschaftslehre kann sie folgende Kenntnis übernehmen:

Unternehmung (Unternehmen) ist ein offenes, dynamisches, komplexes, autonomes, marktgerichtetes, produktives, soziales System.

Das heißt:

☐ Das Unternehmen ist ein *soziales System*, in welchem Menschen als Individuen oder in Gruppen tätig sind und das Verhalten der Unternehmung wesentlich beeinflussen.

☐ Das Unternehmen ist ein *produktives System*, insofern durch Kombination der Produktionsfaktoren Leistungen erbracht werden.

☐ Das Unternehmen ist ein *offenes System*, insofern es durch vielfältige Beziehungen mit der

Umwelt verbunden ist und dauernd Austauschprozesse zwischen Unternehmen und Umwelt stattfinden.

☐ Das Unternehmen ist ein *dynamisches System*, insofern es sich laufend ändern muß, um sich neuen Entwicklungen anzupassen oder diese auch selber zu beeinflussen.

☐ Das Unternehmen ist ein *komplexes System*, insofern es aus vielen einzelnen Elementen besteht, deren Kombination zu einem Ganzen eine große Vielfalt von Strukturen und Abläufen ergibt.

☐ Das Unternehmen ist ein *autonomes* System, insofern es – innerhalb gewisser Grenzen – seine Ziele selber bestimmen kann.
Dabei sind es die Grenzen einer sozialen Marktwirtschaft, die sich zu einer ökosozialen Marktwirtschaft weiter entwickeln muß.

☐ Das Unternehmen ist ein *marktgerichtetes* System, insofern sämtliche Anstrengungen letzlich auf die Bedürfnisse des Marktes (oder Haushaltes) ausgerichtet sind.
Dabei ist noch einmal daran zu denken, daß dieser Markt

a) einerseits ein Markt innerhalb der Volks- und Weltwirtschaft ist,

b) andererseits einen Teil des gesellschaftlichen und politischen Gesamtsystems darstellt (so daß dem Unternehmen nicht nur eine wirtschaftliche, sondern auch eine gesellschaftspolitische Verantwortung zukommt). (55)

(2) Die Unternehmensethik muß sich nun ihrerseits nach dem Ethos eines so komplexen Gebildes fragen, wie es - nach dem Ausweis der Betriebswirtschaftslehre - das Unternehmen ist. Dabei stellt sich nicht zuletzt die Frage: Welches Ethos muß in einem Unternehmen herrschen, damit es zu einer hohen Unternehmenskultur kommt?

2. Unternehmensethik ist - dem unmittelbaren Gegenstande nach - die Lehre vom verantwortbaren unternehmerischen Handeln

Unternehmensethik ist die Lehre von der unternehmerischen Verantwortung. Nachdem sie sich Gedanken gemacht hat darüber, was ein Unternehmen ist, und nachdem sie auch die Frage des unternehmerischen Ethos wenigstens gestreift hat, muß sie sich vor allem der unternehmerischen Verantwortung zuwenden. Bei dieser Frage hat sie ihr Schwergewicht. Deshalb ist zu sagen:

Als Lehre von der unternehmerischen Verantwortung hat die Unternehmensethik die Voraussetzungen deutlich zu machen, dank derer das Unternehmen

□ zu einer menschenwürdigen und menschenfreundlichen Daseinsgestaltung beiträgt,

□ ohne Mit-, Um- und Nachwelt (unverhältnismäßig) in Beschlag zu nehmen oder gar zu schädigen ist.

3. Unternehmensethik ist – dem mittelbaren Gegenstande nach – die Lehre vom verantwortbaren, erfolgreichen unternehmerischen Handeln

Auch die Unternehmensethik hat es mit dem unternehmerischen Erfolg zu tun. Nur geht es auch ihr nicht um den Augenblickserfolg, sondern um jenen Erfolg, der zu einem erfolgreichen Leben beiträgt. So gesehen läßt sich Unternehmensethik wie folgt umschreiben:

Unternehmensethik ist die Lehre vom gutgemeinten und sachlich richtigen unternehmerischen Handeln des Menschen, das deswegen (vor allem gewissensmäßig) zu verantworten ist, weil das Unternehmen
- *erstens darauf abzielt, die materiellen Voraussetzungen eines menschenwürdigen Daseins bereitstellen zu helfen,*
- *zweitens dafür sorgt, daß diese materiellen Voraussetzungen des menschenwürdigen Daseins auch auf menschenwürdige Weise geschaffen werden,*
- *drittens darum zu einem gelingenden und glückenden Leben beiträgt.*

Ohne Zweifel soll ein Unternehmen zu einem glückenden Leben der Beteiligten und Betroffenen beitragen. Daher muß die Unternehmensethik aufzeigen, unter welchen Bedingungen und Voraussetzungen das Unternehmen nicht nur wirtschaftlich erfolgreich ist, sondern – darüber hinaus – zum Glücken des Lebens beiträgt. Dabei stellt sich im besonderen die Frage, welchen Hauptaufgaben sich eine so umfassend verstandene Unternehmensethik zu stellen hat.

Unternehmensethik umfaßt drei Hauptbereiche

Die Unternehmensethik sieht sich einer verwirrenden Fülle unterschiedlichster Fragen ausgesetzt. Beim Versuch, die Fragen zu ordnen, wird bald deutlich, daß sich die Unternehmensethik hauptsächlich um drei Fragenkreise zu bemühen hat. Damit ist gesagt:

Unternehmensethik umfaßt die Lehre

(1) von verantwortbaren, weil nutzbringenden Unternehmenszielen,

(2) von einer verantwortbaren, weil menschenfreundlichen Mitarbeiterführung,

(3) von einer verantwortbaren Einordnung des Unternehmens in die Volks- und Weltwirtschaft und damit auch in die Gesellschafts- und Weltpolitik.

1. Unternehmensethik ist die Lehre der verantwortbaren, weil nutzbringenden Unternehmensziele

Als *produktives* System erbringt das Unternehmen - durch Kombination der Produktionsfaktoren - Leistungen, sei es als Produkt, sei es als Dienstleistung. Mit diesen Produkten und Dienstleistungen beabsichtigt das Unternehmen, anderen Nutzen zu bringen. Der anderen erbrachte *Nutzen* ist wiederum für das Unternehmen nützlich. Dabei sind drei Fragen zu bedenken:

☐ Wem soll das Unternehmen nützen?

☐ Warum ist das Unternehmensziel nützlich?

☐ Mit welchen Mitteln erbringt das Unternehmen seinen Nutzen?

(1) Wem nützt das Unternehmen?

Der Grundsatz der Unternehmensethik im Blick auf die Unternehmensziele lautet: *Nutzen bringen und Nutzen ernten.* – Theoretisch kann man fragen: Was muß zuerst angezielt werden – der Nutzen für die andern oder der Eigennutz? Heißt es also:

☐ Entweder: Ich nütze den andern, *damit* ich den Nutzen davon habe?

☐ Oder: Ich habe Nutzen geerntet, *weil* ich mich andern nützlich erwiesen habe?

1) *Theoretisch* geht es also um die Frage: Ist der Eigennutz des Unternehmens das unmittelbare Unternehmens*ziel* oder *Folge* des erreichten Unternehmenszieles? *Praktisch* wird man die Frage nicht überbewerten. Denn in jedem Fall geht es um beidseitigen Nutzen.

2) In jedem Fall muß die Unternehmensethik dem Gewinnstreben des Menschen genügend Rechnung tragen und sich kritisch nach der Rechtmäßigkeit des Gewinns fragen. Grundsätzlich ist *Papst Paul II.* recht zu geben. Er schreibt im Rundschreiben Centesimus Annus: „Die Kirche anerkennt die berechtigte *Funktion des Gewinnes* als Indikator für den guten Zustand und Betrieb des Unternehmens. Wenn ein

Unternehmen mit Gewinn produziert, bedeutet das, daß die Produktionsfaktoren sachgemäß eingesetzt und die menschlichen Bedürfnisse gebührend erfüllt wurden." (56)

3) Allerdings macht es sich der Papst mit der Antwort etwas leicht. Er meint, wenn ein Unternehmen mit Gewinn produziere, bedeute dies, daß „die menschlichen Bedürfnisse gebührend erfüllt wurden". Dies kann so sein, muß es aber nicht. Man kann mit Gewinn produzieren, *ohne* die menschlichen Bedürfnisse gebührend zu erfüllen. Deshalb ist eigens nach der gebührenden Erfüllung menschlicher Bedürfnisse zu fragen. Dies führt zur Frage, wann und warum das Unternehmen mit seinem Unternehmensziel nützlich ist.

(2) Wann und warum ist das Unternehmensziel nützlich?

Wer mit seinem Unternehmen (sich und andern) nützen will, kommt nicht an der schwierigen Frage vorbei, was denn nun dem Menschen wirklich frommt und nützt. Nützlich ist im allgemeinen, was einen Mangel behebt und ein Bedürfnis befriedigt. Derart stellt sich vom nutzbringenden Unternehmensziel her die Frage nach dem Menschen und seinen (wahren) *Bedürfnissen.*

1) Bedürfnis ist ein (als Mangel empfundenes) bisher unerfüllt gebliebenes Begehren oder Streben. Man möchte dem Mangel abhelfen, das Begehren erfüllen und das Bedürfnis stillen.

Aber man ist - bloß auf sich selber gestellt - oft dazu nicht fähig. Daher braucht man zur Bedürfnisbefriedigung die Hilfe anderer.

Der andere muß sich, will er verantwortlich handeln, fragen, ob und wie er behilflich sein soll, des anderen Bedürfnisse zu stillen. Deshalb gehört zur Frage der verantwortbaren Unternehmensziele die Grundfrage: Welche Bedürfnisse des Menschen haben wir - vom Unternehmensziel her - im Auge, sei es, daß wir sie zu erfüllen, sei es, daß wir sie zu wecken suchen?

2) Wann und warum ist also ein Unternehmen nützlich? Die Antwort fällt jetzt aufs erste leicht: Ein Unternehmen ist nützlich (und darum auch verantwortbar), wenn und weil es *wahre* Bedürfnisse des Menschen wahrnimmt oder weckt und sie erfolgreich befriedigt.

So leicht diese Antwort scheint, so schwierig ist sie bei näherem Zusehen. Bei der Frage nach dem nutzenbringenden Unternehmensziel treten vor allem drei Hauptschwierigkeiten zutage.

□ Zunächst ist schon die Frage nach den *wahren Bedürfnissen* des Menschen äußerst schwer und immer nur unvollkommen zu beantworten. Ohne Zweifel ist der Mensch ein Bedürfniswesen. Zweifellos hat die Industriegesellschaft zu einer Bedürfnissteigerung geführt. Um so dringender wird das Problem „wahrer Bedürfnisse". Aber der Philosoph *Ludger Oeing-Hanhoff* erklärt, nachdem er diese Zusammenhänge dargelegt hat, mit einer gewissen Resignation: „Es dürfte ein wahres Bedürfnis unserer Zeit sein, die Rede von wahren und falschen Bedürfnissen weiter zu klären. (57)

□ Was sodann die Frage nach nutzenbringenden Unternehmenszielen schwierig macht, ist der Umstand, daß ein Produkt oder eine Dienstleistung je nach der augenblicklichen Bedürfnislage bestimmter Menschen in sehr unterschiedlicher Weise nützlich sein kann. Das gleiche Produkt kann für den einen Menschen wegen seiner technischen Funktionalität nützlich sein. Beim zweiten Menschen ist es der hohe Erlebniswert, der das Produkt für ihn nützlich sein läßt. Beim dritten Menschen besteht die Nützlichkeit des Produkts im (oft mit dem Preis gekoppelten) Prestigegewinn.

□ Unabhängig von den beiden ersten Schwierigkeiten meldet sich eine dritte an. Sie ergibt sich aus der Frage: Bis zu welchem Endverbraucher muß ich meine Produkte oder Dienstleistungen verantworten? Ein Produkt kann im allgemeinen durchaus von hohem Nutzen sein. Aber es ist vielseitig verwendbar. In falschen Händen kann es unheilvoll schaden. Nun aber geht ein Produkt oft durch sehr viele Hände, bis es zum letzten und eigentlichen Anwender kommt.

Noch einmal sei an das Beispiel des Steines erinnert, den ich ins Wasser werfe, und der Kreise zieht. Bis zu welchem Kreis muß ich meinen Steinwurf verantworten? (58)

Spätestens bei dieser Frage muß deutlich werden, daß die Unternehmensethik nicht eine

Sammlung billiger Rezepte ist. Sie muß froh sein, dem verantwortungsvollen Unternehmer einige Entscheidungshilfen an die Hand zu geben, die ihm den Gewissensentscheid erleichtern, den er selber zu wagen und zu verantworten hat.

Die Frage nach der nutzenbringenden Verwendung nützlicher Unternehmensziele ist - wie gesagt - schwierig. Doch nicht genug damit. Die Nützlichkeit des Unternehmenszieles hängt nicht nur von der Verwendung der Produkte ab, sondern auch von ihrer Herstellung. Aus dieser Überlegung ergibt sich eine dritte Frage.

(3) Mit welchen Mitteln wird der unternehmerische Nutzen erbracht?

Der (beidseitige) Nutzen wird erbracht, indem Mittel eingesetzt werden. Diese aufgewendeten Mittel sind die entsprechenden Kosten. Das Unternehmen erweist sich nur dann als beidseitig nützlich, wenn der (beidseitig) erbrachte Ertrag größer ist als die für die Ertragserbringung verbrauchten Mittel. Mit anderen Worten: Das Unternehmen muß (sich) rentieren.

Das ist unbestritten. In der Praxis wird indes auch diese Frage außerordentlich schwierig, weil äußerst komplex. Der Mitteleinsatz ist vor allem in einer doppelten Richtung zu überprüfen.

1) Zunächst müssen die aufgewendeten materiellen Mittel *gesamthaft* betrachtet werden. Um die angezielte Leistung zu erbringen, braucht man Ressourcen aus der Umwelt. Der Transport

der bereitgestellten Mittel braucht wiederum Ressourcen. Endlich müssen die Mittel und erzielten Produkte in die Umwelt hinein entsorgt werden. Noch einmal entstehen Umweltkosten. (59)

2) Zum anderen gehört zu den eingesetzten Mitteln auch die Arbeitskraft der Mitarbeiter. Geht man mit dieser Arbeitskraft haushälterisch um, und zwar zugunsten nicht nur der Unternehmensziele, sondern auch der Mitarbeitenden selbst?

Dies ist die Frage: Versteht man sich als Unternehmer lediglich als Arbeitgeber, der mittels der Arbeitskraft seiner Mitarbeiter Produkte herstellt, oder begreift man sich als Vorgesetzen von Mitarbeitern, die einem unter bestimmten Voraussetzungen zeit- und teilweise ihre Arbeitskraft zur Verfügung stellen?

(4) Ergebnis

Solche und andere Fragen zeigen: Wer seine Unternehmensziele verantworten will, darf sich nicht mit einem individuellen Einzelnutzen begnügen. Er muß immer auch an den umweltmäßigen und menschlichen Gesamtnutzen denken. Das besagt für den Unternehmer einerseits eine Mitverantwortung für die Umwelt, andererseits die Verantwortung für eine menschenfreundliche Mitarbeiterführung im Unternehmen.

2. Unternehmensethik ist die Lehre der verantwortbaren, weil menschenfreundlichen Mitarbeiterführung

Unternehmensethik muß, will sie eine Lehre der verantwortbaren Unternehmensführung sein, auch eine Lehre der verantwortbaren Mitarbeiterführung enthalten. Denn das Unternehmensziel kann der Unternehmer meistens nicht allein erreichen. Er braucht dazu Mitarbeiterinnen und Mitarbeiter. Daher kann er sein Unternehmen nur erfolgreich führen, wenn er die Mitarbeiterschaft dazu bringt, gemeinsam mit ihm das Unternehmensziel zu erarbeiten.

Die Mitarbeiter sind zur Mitarbeit durch ihre berufliche Kompetenz qualifiziert. Insofern hat es die Unternehmensethik als Lehre der verantwortlichen Mitarbeiterführung auch mit dem Beruf der Mitarbeiter zu tun.

(1) Mitarbeiterführung bezieht sich auf die berufliche Tätigkeit

Insofern sich die Mitarbeiterführung auf die berufliche Qualifikation der Mitarbeiter bezieht, enthält sie auch eine *Berufsethik*. Die Mitarbeiter sollen so geführt werden, daß sie in ihrem Berufsethos, ihrem Berufsstolz und in ihrer Berufsfreude gefördert und gestärkt werden. Dabei fragt sich,

- ☐ was Beruf ist,
- ☐ worin die heutige Berufskrise besteht und
- ☐ wo sich ein Ausweg aus der Berufskrise zeigt.

Was ist Beruf?

(1) Am besten vergegenwärtigt man sich die Berufsfrage mit der Geschichte des einsamen Robinson auf seiner einsamen Insel. *Robinson* hätte nämlich arbeiten müssen. Aber er wäre nicht berufstätig gewesen.

☐ Er hätte insofern arbeiten müssen, als er, um überleben zu können, gezwungen war, durch zielgerichtete und planvolle Tätigkeit die Natur so zu kultivieren, daß sie ihm die nötigen Lebensmittel bot. Weil er allein war, mußte er alles und alles für sich erarbeiten.

☐ Er war insofern nicht berufstätig, als er alles für sich allein hat erarbeiten müssen.

Im Gegensatz zu Robinson arbeiten wir heute zu einem großen Teil berufsmäßig. Das heißt: Wir teilen die Arbeiten aufgrund von Eignung und Neigung auf. Dieser Arbeitsteilung zufolge erarbeitet der Einzelne

☐ einerseits mehr, als er selber benötigt,

☐ anderseits weniger, als er braucht.

Das Mehr, das er erarbeitet hat, tauscht er gegen das Weniger, das er braucht, das ihm jedoch mangelt. Durch den Austausch bekommen alle, was sie benötigen. Dies macht deutlich, was Beruf ist.

Nehmen wir ein *Beispiel.* Der berufliche Schuhmacher stellt mehr Schuhe her, als er Füße hat. Dafür hat er kein Hemd, die Blöße seines Rükkens zu decken. Umgekehrt verfertigt die berufliche Schneiderin mehr Hemden, als sie selber verwenden kann. Dafür muß sie barfuß gehen. Nun gehen beide auf den Markt und tauschen das, was sie zu viel besitzen, gegen das aus, was ihnen mangelt. Die Folge des Austausches ist: Der Schuhmacher geht mit einem Hemd am Rücken nach Hause. Die Schneiderin muß nicht barfuß heimgehen.

(2) Diese Überlegungen ermöglichen uns eine *Umschreibung der Berufsarbeit.*

Beruf ist jene Arbeit, die aufgrund von Eignung und Neigung erwählt wurde und
- *die zufolge erworbener Kenntnisse und Fertigkeiten,*
- *als Hauptbeschäftigung, zum Erwerb des Lebensunterhaltes, in einer arbeitsteiligen Gesellschaft geschieht.*

Es geht also beim Beruf um Eignung und Neigung, aber auch um erworbene Kenntnisse und Fertigkeiten. Damit ist gesagt, daß es die berufliche Arbeit auch mit der Selbstverwirklichung des Menschen zu tun hat.

Im Vordergrund steht aber im allgemeinen der Erwerb des Lebensunterhaltes. Beruf ist in den meisten Fällen Brotberuf (selbst dann, wenn er mehr als nur dieses ist).

Schließlich setzt der Beruf eine arbeitsteilige Gesellschaft voraus. In der arbeitsteiligen

Gesellschaft verrichtet nicht mehr jeder jedes. Vielmehr wählt jeder von den notwendigen Obliegenheiten jenen Teil aus, der ihm besser liegt und den er lieber tut.

Er tut es in der Erwartung, daß er - durch einen Austausch von Produkten und Dienstleistungen - von den anderen das erhält, was er selber braucht, aber weniger gut kann und weniger gern tut.

(3) Die Umschreibung des Berufes ermöglicht eine *Bestimmung der Berufsethik.*

Berufsethik ist die Lehre von jenem beruflichen Ethos, dank dessen ich durch meine berufliche Tätigkeit
- *nicht nur meine eigenen Fähigkeiten entfalte und mich dadurch selber verwirkliche,*
- *nicht nur kollegial mit andern zusammenarbeite,*
- *sondern auch den Mitmenschen einen echten Nutzen erbringe.*

(4) Im Vordergrund der Berufsethik steht eine dienstfertige und *dienstfreudige Berufsauffassung.*

Eine dienstfreudige Berufsauffassung ist jene ethische Grundhaltung im Beruf, dank derer ich diesen Dienst an den anderen und an der Gemeinschaft

- *nicht nur widerwillig als Pflicht erbringe,*
- *sondern selbst dann aus innerer Überzeugung leiste, wenn*
  - *Schwierigkeiten sich hindernd in den Weg stellen und*
  - *mir die berufliche Arbeit mühsam erscheinen lassen.*

Häufig wird über eine allgemeine Berufsverdrossenheit geklagt. Die Arbeitsmoral sei gesunken. Von einer dienstfertigen Berufsauffassung sei nicht mehr die Rede, von einer dienstfreudigen ganz zu schweigen. Wenn schon, dann verrichte man seinen Dienst nach Vorschrift und gegen Bezahlung. Kurzum: Wir erleben gegenwärtig eine Berufskrise.

Wie kommt es zur heutigen Berufskrise?

Zunächst ist die beklagte Berufskrise keine Berufskatastrophe. Die berufliche Wirklichkeit ist komplexer als die Katastrophenpropheten wahr haben wollen. (60) Wahr ist, daß der Beruf im Verlauf der Geschichte vier Funktionen gewonnen hat und daß diese Funktionen in Frage gestellt erscheinen. Sehen wir zu.

(1) Im Verlauf der Geschichte hat der Beruf vier Funktionen bekommen:

□ Der Beruf hat eine *Erwerbsfunktion.* - Der Beruf ist Brotberuf. Er verschafft uns den notwendigen Lebensunterhalt.

□ Der Beruf hat eine *Selbstverwirklichungsfunktion.* - Den Beruf habe ich ergriffen aufgrund meiner Eignung und Neigung. Daher versteht sich leicht, daß ich durch den Beruf auch meine Eignungen und Neigungen weiter entfalten und dadurch mich selber verwirklichen möchte.

□ Der Beruf hat eine *gesellschaftliche Funktion.* - Bis zur Französischen Revolution herrschte eine ständische Gesellschaft. Dazu gehörte die Zunftordnung. Dies besagte: Sowohl der Beruf als auch die damit verbundene gesellschaftliche Stellung wird weitervererbt. Ist der Vater König, ist es auch sein Sohn. Ist der Vater Schuhmachermeister, wird es auch sein Sohn werden. Die Französische Revolution beseitigt diese ständische Gesellschaft, die nach dem Herkommensprinzip gestaltet erscheint. An ihre Stelle tritt die Leistungsgesellschaft, deren Gestaltungsprinzip die Leistung ist. Dies besagt:

a) Einerseits kann jeder seinen Beruf frei wählen.

b) Andererseits kann jeder durch berufliche Tüchtigkeit sich gesellschaftlich emporarbeiten. Das Glück wird einem nicht in den Schoß gelegt. Jeder ist seines Glückes Schmied.

Napoleon soll gesagt haben: „Bei mir trägt jeder Soldat den Marschallstab im Tornister." Das heißt: Um General werden zu können, muß nicht schon dein Vater General gewesen sein. Du mußt nur tüchtig sein, etwas leisten und auch noch über eine Portion Glück verfügen.

An der Schwelle dieser Zeit dichtet *Friedrich Schiller* 1799 in seinem „Lied von der Glocke“:

„Arbeit ist des Bürgers Zierde,
Segen ist der Mühe Preis.
Ehrt den König seine Würde,
Ehret uns der Hände Fleiß.“

□ Der Beruf hat endlich eine *religiöse Funktion*. Zumal die Reformatoren betonten: Der eigentliche Gottesdienst des Christen geschieht nicht im Gotteshaus, sondern im Alltag bei der täglichen Arbeit und durch sie. Auch und gerade arbeitend ist der arbeitsame und damit schaffende Mensch jenem Gott ähnlich, der selber ein schöpferisch schaffender Gott ist. In diesem Sinne kann *Zwingli* sagen:

„Mit ehrlicher Arbeit will sich niemand mehr ernähren. Man läßt vieler Orts die Bauerngüter verwildern und unbebaut liegen, weil man keine Arbeiter findet. Und doch hätte man Volks genug, dazu ein gutes Erdreich, das Euch reichlich ernähren könnte. Trägt es auch nicht Zimmet, Ingwer, Malvasierwein, Gewürznelken, Pomeranzen, Seide und solche Schleckereien für Weiber, so bringt es doch Butter, heilskräftige Meisterwurz, Milch, Pferde, Schafe, Vieh, Tuch für einfache Kleider, Wein und Korn im Überfluß, daß Ihr schöne, starke Leute heranwachsen seht; und was Ihr in Eurem Lande nicht habt, das könnt Ihr leicht mit Euren Produkten von denen eintauschen und kaufen, denen das bei Euch

Wachsende fehlt. Daß Ihr Euch aber nicht an das haltet, das kommt von Eurem Eigennutz. Den hat man unter Euch gebracht. Der führt Euch von der Arbeit zum Müßiggang. Und die Arbeit ist doch ein so gutes, göttliches Ding. Sie verhütet den Mutwillen und die Laster. Sie bringt gute Früchte, so, daß der Mensch ohne Sorge seinen Leib mit gutem Gewissen nähren kann, und nicht fürchten muß, daß er sich mit dem Blut der Unschuldigen nähre und verunreinige. Sie macht auch den Leib frisch und stark und vertreibt die Krankheiten, die aus dem Müßiggang entstehen. Und, was das allerbeste ist: Es folgt der fleißigen Hand des Arbeiters Frucht und Wachstum, gleich wie im Anfang der Schöpfung alle Dinge durch die Hand Gottes lebendig wurden. So ist der Arbeiter in solchen Dingen Gott ähnlicher als irgend etwas auf der Welt."

(2) Die vierfache Berufsfunktion ist heute in Frage gestellt und läßt es zur heutigen *Berufskrise* kommen:

☐ In einem *Wohlfahrtsstaat*, der manchmal fast zum Versorgungsstaat wird, muß keiner mehr arbeiten, um essen zu können. Brotsorge allein zwingt nicht zur Ausübung einer Tätigkeit. Man kann studieren. Und der Student ist bekanntlich jener, der alles bestreitet – mit Ausnahme seines Lebensunterhaltes. Wir leben in einem so blühenden Wohlfahrtsstaat, daß wir uns viele Studentinnen und Studenten leisten können.

☐ Manche berufliche Tätigkeiten sind so eintönig geworden, daß von der *Selbstverwirklichung* nichts übrig bleibt. Sie verlangt vielleicht einerseits höchste Aufmerksamkeit. Andererseits besteht sie lediglich in einer Kontrolle. Welche Eigenschaften soll man da entfalten?

□ Soll man sich heute noch höher emporarbeiten und dafür noch mehr leisten? Vater und Mutter haben das familiäre Nest so hoch oben im *Wipfel der Gesellschaft* errichtet, daß es einen geradezu schwindelt. Je höher der Affe klettert, desto besser sieht man seinen Hintern. Was soll's? Die Versuchung, um-, ab- oder auszusteigen ist groß.

□ Wir leben in einer säkularen Gesellschaft. Mit der *religiösen* Funktion der Arbeit ist nicht mehr Staat zu machen.

(3) Die Folge der Krise der Berufsfunktionen unserer Berufe sind drei unterschiedliche Berufstypen (61):

□ Der *Karrieretyp* ist der Berufstätige herkömmlicher Art. Bei aller Fragwürdigkeit bejaht er doch wenigstens die drei ersten Berufsfunktionen.

□ Der *Freizeittyp* will sich durchaus selber verwirklichen. Dies aber nicht im Beruf und durch die Arbeit, sondern während der Freizeit und durch eine sinnvolle Freizeitbeschäftigung. Er ist Drachenflieger oder Deltasegler.

Weil diese Freizeitbeschäftigung sehr arbeitsintensiv ist, muß er sich während der Arbeitszeit schonen. Deshalb legt er beruflich den Schongang ein. Seine Devise lautet: Beim Essen nach vorn, beim Trinken nach hinten. Bei der Arbeit auf die Seite.

(Wohlverstanden fällt der Freizeittyp nicht mit dem Teilzeit-Beschäftigten zusammen. Mancher, der nur teilzeitlich beschäftigt ist, arbeitet in dieser Zeit voll und ganz. Mancher, der ganzzeitlich arbeitet, ist nur mit halbem Herzen und mit halber Kraft bei der Arbeit.)

□ Der *Sinnsuchertyp* ist bereit, beruflich schwer zu arbeiten und sogar eine berufliche Karriere einzuschlagen. Aber die Arbeit selber muß ihm – über den Gelderwerb hinaus – selber etwas bedeuten. Die Arbeit als Arbeit soll ihm selber etwas geben.

Kein Zweifel: Wem es um ein hohes Berufsethos und eine dienstfreudige Berufsauffassung geht, wird vor allem an den Sinnsuchertyp denken. Er wird sich fragen: Wie können wir möglichst viele Mitarbeiter dazu bringen, daß sie sich selber als Sinnsuchertypen erfahren und verstehen? Die Antwort auf die Frage böte einen Ausweg aus der heutigen Berufskrise.

Was ist der Ausweg aus der heutigen Berufskrise?

(1) Bisher war der Beruf vor allem Betätigung und Beschäftigung. Man hatte tüchtig und fleißig zu sein. Am fleißigsten sind jedoch heute die Maschinen. Darum sollte der Beruf heute weniger Betätigung und Beschäftigung und mehr *Begegnung* sein.

Was immer der Beruf als Betätigung ist, immer ist er auch Begegnung. Wir begegnen Kunden,

Lieferanten, Kolleginnen und Kollegen, Vorgesetzten und Untergebenen. Die berufliche Tätigkeit ist ein vielfältiges Beziehungsnetz.

(2) Der Beruf sollte heute vor allem als Begegnung innerhalb dieses vielfältigen Beziehungsnetzes erfahren werden. Es müßte beruflich vermehrt zu menschlichen Begegnungen kommen. Dies besagt:

□ Einerseits hat jeder Beruf seine unmittelbar berufliche und gleichsam handwerkliche Seite. Die Arbeit muß korrekt verrichtet werden.

□ Andererseits hat Arbeit – über das unmittelbar Handwerkliche hinaus – immer auch Beziehungscharakter und Begegnungsmöglichkeit ins Menschliche hinüber.

(3) Dies mag uns die Geschichte von der *Bettflasche* verdeutlichen.

Bettflaschen

„Ich war im Spital. Genauer gesagt: im Berner Frauenspital. Morgens um zehn Uhr mit Mann und Koffer vor dem abweisenden, alten Gebäude, dann Personalienschreibkram, Einweisen in die Abteilung. Kennenlernen der Zimmergefährtin, Blutentnahme und all die andern Handlungen, die vor einer Operation routinemäßig durchgeführt werden, ein gutes Mittagessen, und schon stand ich wieder draußen in der herrlichen Herbstsonne. Eine nette Schwester hatte mir gesagt, ich sollte mir noch einen „schönen

Nachmittag" machen, lädelen - und alles tun, worauf ich Lust hätte, zurückzukommen brauchte ich erst am Abend.

Worauf hat man Lust, wenn man in weniger als vierundzwanzig Stunden zu einer Operation gefahren wird?

Ich hatte auf nichts Lust und war schon um vier Uhr zurück - mit eiskalten Füßen, trotz des schönen Wetters und der geheizten Spitalräume. Mir schlägt jede Aufregung in die Füße, sie werden dann feuchtkalt, selbst wenn der Kopf glüht, und nur eine Bettflasche oder Schafwollsocken können Abhilfe schaffen. Aber wer wagt es schon, im Spital, wenn er noch „gesund" ist, das heißt noch nicht operiert, die schwer arbeitenden Schwestern mit einer Lappalie wie kalten Füßen zu belästigen?

Meine nette Zimmergefährtin lachte über meine Bedenken und bat eine Schwester, mir eine Bettflasche zu bringen. „Selbstverständlich", sagte die Schwester freundlich, „wenn Sie Lust haben, kommen Sie mit mir, dann können Sie sich, wenn Sie wieder aufstehen dürfen, frei bedienen." Sie zeigte mir die Anzüge im Wäscheschrank und die altmodische, vertrauenerweckende Bettflasche im Warmhalteschrank.

Am anderen Morgen wurde es ernst. Ich wurde auf den Wagen gebettet, bekam noch eine Spritze, die so herrlich dösig machte, und wurde in Richtung Operationssaal gefahren. Bevor mich die Schwester im Vorraum des OP verließ, sagte sie ganz lieb, und das war das letzte, das ich vor der Narkose wissentlich aufnahm: „Wir legen Ihnen ganz sicher zwei Bettflaschen ins Bett, damit es schön warm ist, wenn Sie zu uns zurückkommen." Und ich träumte von einem langen Heimweg in einer schrecklich kalten Winternacht, von einem Weg, der nicht enden wollte, und ich sehnte mich doch so nach Wärme.

Als ich aus der Narkose aufwachte, war das erste, das ich mit dem Fuß ertastete, eine Bettflasche, ich war noch sehr müde im Kopf, wußte aber, daß da noch etwas war, suchte vorsichtig, behindert von Röhren und Schläuchen, weiter - und fand die zweite! Erschöpft, aber zufrieden schlief ich wieder ein. *Ursi"* (62)

Die *Lehre der Geschichte* ist einfach. Einerseits bedarf es - wie bei jedem Beruf - auch bei der Krankenschwester des technischen Könnens. In unserem Falle heißt das: Der Patient muß - zumal nach einer Operation - gut erwärmt werden. Das steht im Lehrbuch. So gehört denn die (erste) Bettflasche zum technischen Handwerk der Schwester.

Anderseits hat die Schwester gemerkt, daß unsere Patientin offenbar besonders kälteempfindlich ist. Sie ist nicht nur am technischen Handwerk interessiert. Sie widmet auch der Patientin selbst eine große Aufmerksamkeit. Aufmerksam erweist sie der Patientin einen jener kleinen Dienste, deren Notwendigkeit zu bemerken es einer großen Aufmerksamkeit bedarf.

Dergestalt ist die *erste* Wärmeflasche das Technische am Krankenschwesternberuf. Die *zweite* Bettflasche ist das Menschliche an der Krankenschwester. Die zweite Wärmeflasche führt zur Begegnung. Sie erfüllt die Krankenschwester mit Freude. Sie mag abends noch so müde sein: Die Anerkennung, die ihr die Patientin schenkte, macht sie innerlich froh.

Was Beruf als Begegnung bedeutet, hat mir außerdem ein befreundeter Uhrmacher erzählt: „Ich habe zwei Verkäuferinnen. Die eine ist tüchtig, die andere dazu auch noch menschlich gut. Stell dir folgende Situation vor: Herr Meier betritt unser Geschäft. Er möchte seiner Frau zur silbernen Hochzeit eine Schmuckuhr schenken. Sie darf zehntausend Franken kosten. Was geschieht nun?

□ Die *tüchtige* Verkäuferin verkauft ihm anstandslos und einwandfrei eine passende Schmuckuhr für zehntausend Franken. Sie vermittelt ihm einen Geschenk*artikel.*

□ Die auch *menschlich* gute Verkäuferin trägt in der gleichen Situation dazu bei, daß aus dem Geschenkartikel ein *Geschenk* wird. Sie wird sich in die Frau hineindenken, die es zu beschenken gilt. Entsprechend wird sie dem Mann nicht nur eine Uhr verkaufen, sondern ihm vielleicht den Rat geben, sich auch 25 schöne Rosen zu erstehen, in einem guten Restaurant ein Festmahl vorzusehen und bei einer guten Flasche Bordeaux seiner Frau das Geschenk – schön verpackt – zu überreichen."

Mein Freund beschloß die Geschichte mit dem

Hinweis: „Was der Verkäuferin abends das Gefühl gibt, einen guten und erfreulichen Berufsalltag hinter sich gebracht zu haben, ist nicht - jedenfalls nicht nur - der Umsatz, den sie erzielt hat, sondern der Gedanke an das Fest, zu dem sie auf ihre Weise beitragen konnte."

Was ist das Ergebnis?

1. Wer Mitarbeiter zu einer freudigen Berufsauffassung führen will, muß versuchen, den Mitarbeitern die im Berufe liegende Begegnungsmöglichkeit aufzuzeigen und vorzuleben.

2. Eine solche Mitarbeiterführung trägt zu einem hohen Berufsethos bei.

3. In diesem Sinne gehört zur Unternehmensethik als der Lehre einer menschenfreundlichen Mitarbeiterführung auch Berufsethik (als die Lehre vom beruflichen Ethos oder einer dienstfreudigen Berufsauffassung).

(2) Mitarbeiterführung bezieht sich auf die berufliche Tätigkeit innerhalb einer Arbeitsgemeinschaft

Die Mitarbeiterführung hat es - wie wir gesehen haben - zunächst mit der beruflichen Tätigkeit der Mitarbeiter zu tun und nicht auch noch mit ihrem Privatleben. (63) Allein diese berufliche Tätigkeit geschieht im Unternehmen innerhalb einer Arbeitsgemeinschaft. Deshalb müssen die Mitarbeiter in ihrer beruflichen Tätigkeit auf diese Arbeitsgemeinschaft hingeführt werden. Hier liegt der Schwerpunkt der Mitarbeiterführung. Darum stellt sich auch in diesem Zusammenhang die Frage nach der wirksamen Führung in ihrer ganzen Dringlichkeit.

Allein was ist Führung? Fürs erste wissen wir es alle, und zwar aufgrund eigener Lebenserfahrung. Ungeachtet dessen liegen eine Vielzahl mehr oder weniger unterschiedlicher Führungsdefinitionen vor. Nach *Stogdill* gibt es über Führung nahezu so viele Definitionen wie Führungsforscher. (64) Das erstaunt nicht. Denn beim Führungsbegriff „handelt es sich nicht um einen wertneutralen Begriff wie im Falle von ‚Kraft', ‚Masse', ‚Elektron' oder ‚Gen'. Vielmehr ist ‚Führung' ein kulturgebundenes, normatives Konzept, das je nach Welt- und Menschenbild der Wissenschaftler und Praktiker unterschiedlich aufgefaßt wird. So überrascht nicht, daß in der Literatur zum Führungsphänomen eine geradezu babylonische Begriffsverwirrung herrscht. (65)

Selbstverständlich können hier nicht die verschiedenen Führungskonzepte dargelegt werden. Allein, wenn man sich nach einer verantwortlichen Menschen- und Mitarbeiterführung fragt, kann man der Frage nicht ausweichen, sich vorgängig nach dem zu fragen, was Menschen- und Mitarbeiterführung ist. Deshalb ist zunächst auf die Eigenart und die Voraussetzung der Führung hinzuweisen.

Die Eigenart der Menschen- und Mitarbeiterführung

Führen ist eine bestimmte Art und Weise der Einflußnahme. Doch welcher Art ist sie?

(1) Führen heißt wörtlich: Fahren machen.- Als altes Veranlassungswort zu fahren bedeutet nämlich das altgermanische Tätigkeitswort eigentlich „in Bewegung setzen, fahren machen", dann „bringen" und „leiten". (66)

So können wir der Wortbedeutung entnehmen: Wer führen will, muß etwas in Gang bringen und in Gang halten, bis das Ziel erreicht ist. Am besten, wenn man dabei in Schwung kommt und sogar dann in Schwung bleibt, wenn sich auf dem Weg zum Ziel Hindernisse in den Weg stellen.

Damit der Führende erfolgreich zu führen versteht, muß er über drei Fähigkeiten verfügen, nämlich

- ☐ die Fähigkeit zu Überblick und Zielsetzung;
- ☐ die Fähigkeit zur Koordination der Mitarbeitenden;
- ☐ die Fähigkeit, sich zu entschließen und die Entschlüsse auch durchzusetzen.

Damit kommen wir zu einer einfachen Umschreibung der Führung:

> Führen heißt: Das Handeln aller an einer Aufgabe Beteiligten auf die gesetzten Ziele ausrichten. (67)

(2) Dies gilt selbstverständich auch für die Führung der Mitarbeiter.- Wenn wir Menschen als Mitarbeiter führen, ist das Führungsziel die wirkungsvolle Arbeitsgemeinschaft. Das heißt: Dank der Führung sollen die Mitarbeiter so arbeiten, daß sie

☐ nicht nur selber (effektiv und effizient) arbeiten,
☐ nicht nur zusammen mit andern (also nebeneinander) arbeiten,

☐ sondern mit andern *zusammenarbeiten* (also Hand in Hand arbeiten).

Diese Zusammenarbeit ist das Ziel der Mitarbeiterführung. Dies bedeutet umgekehrt:

☐ Einerseits hat der Führende sich nicht um die private Lebensführung der Mitarbeiter zu kümmern. Er ist weder ihr Seelenführer noch ihr Psychotherapeut.

☐ Anderseits muß er versuchen, den Mitarbeitern so offen zu begegnen, daß sie ihre privaten Angelegenheiten zur Sprache bringen können, wenn sie es selber wollen und wenn es sich auf die Arbeitsqualität auswirkt. (68)

Die Voraussetzung der Menschenführung

Die Menschenführung setzt ein bestimmtes Menschenbild voraus. Jede Menschenführung geschieht nämlich (unbewußt oder bewußt) aufgrund eines bestimmten Vorverständnisses des Menschen. Daher gilt: Sage mir, wie du dir die

Menschen vorstellst und welches Bild du von deinen Mitarbeitern hast; und ich sage dir, wie du deine Mitarbeiter führst. Es sind vor allem - verkürzt gesagt - sechs Menschenbilder, nach denen geführt wurde und zum Teil wird. (69)

☐ Der Mensch lebt von *Brot*. Arbeit ist ein Brotberuf. Das entscheidende Führungsmittel ist der Brotkorb. Guter Lohn für gute Leistung.

☐ Der Mensch ist ein *geselliges* Wesen. Er möchte daher nicht nur als Arbeitskraft, sondern als Mitarbeiter und damit als Mitmensch eingestuft und geachtet werden. Das entscheidende Führungsmittel ist Human-Relation. Es geht um die Humanisierung des Arbeitsplatzes.

☐ Der Mensch möchte sich *selber verwirklichen*. Die Arbeit soll zur Selbstverwirklichung beitragen. Bevorzugte Führungsmittel sind job rotation, job enlargement, job enrichment.

☐ Der Mensch ist ein *Individuum*. Er möchte auch individuell behandelt werden. Der eine ist mehr ein Freizeittyp, der andere mehr ein Arbeitstyp. Führungsmittel sind beispielsweise gleitende Arbeitszeiten.

☐ Der Mensch ist ein Leben lang mit sich *unterwegs*. In der Mitte der Arbeitsjahre hat man andere Berufs- und Karrierewünsche. Führen heißt unter dieser Voraussetzung: Rücksicht nehmen auf die - zum Teil altersbedingte - Lebenssituation des betreffenden Mitarbeiters.

☐ Der Mensch ist zu mehr *Selbstbestimmung und Selbstverantwortung* fähig, als man ihm gemeinhin zutraut, vorausgesetzt, daß man ihm erstens dazu Gelegenheit gibt, ihn zweitens anleitet und drittens ihn – zumal bei anfänglichen Mißerfolgen – ermutigt.

Setzt man das Menschenbild eines solchen selbstbewußten, sich selbst bestimmen könnenden und selbstverantwortlichen Mitarbeiters voraus, wird man bei der Führung in erster Linie

a) nicht unmittelbar die Menschen als Mitarbeiter führen,

b) sondern das Hauptaugenmerk darauf richten, daß aus dem Arbeitsraum ein Führungsraum wird, in dem Führung geschieht, und zwar jeweils von dem, der in gegebener Situation der Bestgeeignete ist.

Mit anderen Worten: Die wirkungsvolle Führung ist die Hauptsache, nicht der Führende. Dennoch dankt er keineswegs ab. Er hat vielmehr eine *doppelte Aufgabe*:

□ Er muß sich selbst Geltung verschaffen, und zwar aufgrund seiner fachlichen, sozialen und emotionalen Kompetenz. (70)

□ Er muß etwas von seinem Fach verstehen, dabei jedoch bedenken, daß er als Führender nicht Spezialist, sondern Generalist ist.

□ Soziale Kompetenz bedeutet die Fähigkeit, mit Menschen umzugehen und auf sie wirksam Einfluß zu nehmen.

□ Neuerdings fordert man vom Führenden auch emotionale Kompetenz. Man kann darunter die

Fähigkeit verstehen, sich in andere einzufühlen und daher die Einflußnahme nicht nur auf rationale Weise zu erreichen.

☐ Er muß die andern nicht nur widerwillig gelten lassen, sondern soweit wie möglich zur Geltung bringen, damit sie ihre Kräfte voll einsetzen können und wollen.

☐ Er muß also (dank seiner sozialen und emotionalen Kompetenz) Talente entdecken, wecken und fördern (und dadurch auch das sogenannte Humankapital des Unternehmens vermehren). (71)

☐ Er muß daher seine Führungsrolle nicht so sehr als Diktator, sondern mehr als Animator, Trainer und Coach verstehen. (72)

Die verantwortbare Menschenführung

Führend nehmen wir Einfluß auf das Leben anderer. Ob wir wollen oder nicht: ein Stück weit greifen wir in ihr Leben ein und spielen Schicksal. Unter welcher Voraussetzung können wir diese oft schicksalhafte Einflußnahme verantworten?

Wenn die Unternehmensethik nach der Führungsverantwortung fragt, kann sie auf die Erkenntnisse der heutigen Führungslehre zurückgreifen. Ohne Zweifel haben wir im Bereich der Führungslehre in den letzten Jahren die größten Fortschritte erzielt. Dankbarer Nutznießer ist nicht zuletzt die Unternehmensethik. Allgemein läßt sich sagen:

Mitarbeiterführung ist zu verantworten, wenn die Mitarbeiter geführt werden

☐ *aufgrund des Menschenbildes* eines sich selber bestimmen könnenden und selbstverantwortlichen Mitarbeiters,

☐ *nach dem Führungskonzept* der partizipativen Führung,

☐ *mit den Führungsinstrumenten* der Motivation, der Zielvereinbarung und der Vorbildlichkeit.

Das heißt im einzelnen:

Das verantwortbare Menschenbild
Wer verantwortlich führen will, muß in den Mitarbeitern Menschen sehen, die fähig sind, ihr Leben und auch ihre Arbeit weitgehend selber zu bestimmen und die bereit sind, verantwortlich dafür einzustehen.

Das verantwortbare Führungskonzept
Wer Mitarbeiter nach diesem Menschenbild verantwortlich führen will, muß seiner Führung das Konzept der partizipativen Führung zugrunde legen.

Dabei ist das Konzept partizipativer Führung weder ein Allheilmittel noch der Weisheit letzter Schluß. Vielmehr könnte sich kooperative Führung „als historisches Übergangskonzept erweisen - von vorgesetztenzentrierten Einflußformen der Fremdsteuerung zu mitarbeiterzentrierten Konzepten der Selbstorganisation." (73)

Die verantwortbaren Führungsinstrumente
Wer partizipativ Mitarbeiter führen will, bedient sich vorzugsweise dreier Führungsinstrumente: Motivation, Zielvereinbarung, Vorbildlichkeit.

Das erste Führungsinstrument: Motivation

Über Motivation wird viel geredet und wissenschaftlich geforscht. Der Ertrag ist nicht sonderlich groß. Kein Wunder, daß man neuerdings der Motivation den Abschied geben will. (74) Auch in diesem Fall ist keine Auseinandersetzung mit der Motivationsforschung möglich. Dennoch sind einige Hinweise notwendig, damit die Bedeutung der Motivation als Führungsinstrument deutlich wird.

1. Die Umschreibung der Motivation:
Motivation ist die Aktivierung der Motive.

2. Die drei Arten der Motive:
Es gibt dreierlei Arten von Motiven:

□ Da sind die Bedürfnisse. Sie sind *drängende* Motive. Ein solches Bedürfnis ist der nagende Hunger oder die verdorrte Kehle. Hunger und Durst drängen (bewegen oder motivieren) mich, nach Nahrung und Trank zu suchen.

□ Da sind lohnende Ziele. Sie sind *verlockende* Motive. Ich sehe vor mir eine sprudelnde Quelle. Sie verlockt (bewegt oder motiviert) mich, schleunigst zur Quelle zu laufen.

□ Da sind die Anreize. Sie sind das *auslösende* Motiv. Da habe ich Durst in der Kehle. Ich suche – noch ungerichtet – nach einem Trank. Nun bringt mir der Kellner die Getränkekarte, die - lebensecht - eine eiskalte Mineralwasserflasche zeigt. Sie reizt (bewegt oder motiviert) mich, den Kopf nicht unter den Wasserhahn in der Küche zu halten, sondern eine Flasche Mineralwasser zu bestellen.

3. Der Hintergrund der Motivation:
Was uns im einzelnen motiviert, läßt sich nicht genau sagen. Denn zumeist werden wir von einem Motivbündel bewegt. Doch allgemein läßt sich feststellen: Motivation ist (als Aktivierung der Motive) das, was macht, daß der,

☐ der handeln *kann*,

☐ auch handeln *will* und

☐ darum auch tatsächlich *handelt*.

Demnach heißt motivieren: den, der handeln kann, so zu beeinflussen, daß er auch handeln *will*. Es gilt also in der Motivation, den Willen zu beeinflussen.

Darum kann man mit Recht sagen:

Motivieren heißt veranlassen, daß andere tun,
- was, wann und wie ich es will,
- weil sie es selber wollen.

Das heißt: Motivation ist immer Motivation zur Selbstmotivation.

Diese kurze Umschreibung der Motivation macht folgendes deutlich:

□ Einerseits heißt führen, fahren machen oder bewegen.

□ Andererseits heißt motivieren ebenfalls bewegen.

□ Folglich ist Führung vor allem ein Motivationsgeschehen. Es gilt motivierend zu führen.

□ Motivierend führen heißt,

- einerseits weder diktieren noch kommandieren, noch suggerieren und manipulieren,
- andererseits so animieren, daß die Betroffenen aus Kenntnis der Sachlage sich von sich aus in Fahrt setzen, auch wenn sie es hätten bleiben lassen können.

Wie aber können wir andere animieren? Die Frage läßt uns an ein zweites Führungsinstrument denken.

Das zweite Führungsinstrument: Zielvereinbarung

Die Zielvereinbarung hat eine dreifache Entwicklung durchlaufen (75):

1. Zunächst sprach man von *Zielsetzung*. – Der Führende setzte den Mitarbeitern Ziele vor. Diskutiert wurde nur darüber, wie man sie am besten und wohl auch am menschlichsten erreichen könne.

2. Dann dachte man an eine *unternehmerische Zielvereinbarung*. – Nunmehr werden die Ziele nicht einfach vorgegeben. Auch die Ziele stehen

noch einmal in Frage und zur Diskussion. Allein, es handelt sich bei den zu diskutierenden Zielen lediglich und ausschließlich um die Ziele des Unternehmens. Es wird diskutiert, wie weit der einzelne Mitarbeiter zur Erreichung der Unternehmensziele beitragen kann.

3. Endlich kommt es zur *lebensmäßigen Zielvereinbarung.* – Jetzt stehen zwei Ziele zur Diskussion. Auf der einen Seite ist – nach wie vor – das Unternehmensziel. Auf der anderen Seite stehen – neu – die Lebensziele des Mitarbeiters. Versucht wird, eine möglichst große Annäherung der Lebensziele des Mitarbeiters an die Unternehmensziele zu erreichen. Dabei stellt sich die besondere Frage: Wie weit kann die Erreichung der Unternehmensziele dazu beitragen, auch die Lebensziele des Mitarbeiters zu erreichen.

Die Entwicklung von der Zielsetzung zur lebensmäßigen Zielvereinbarung entspringt einer doppelten Einsicht:

☐ Einerseits wird es zwar nie zur Deckungsgleichheit von Lebenszielen und Unternehmenszielen kommen.

☐ Andererseits lassen sich die Mitarbeiter nicht an ihren eigenen Lebenszielen vorbei wirksam führen.

Hier setzt die Motivation ein. Es geht bei der Motivation nicht zuletzt darum, den Mitarbeitern aufzuzeigen, daß das Unternehmensziel auch für sie selber und ihre Lebensziele Nutzen bringt und damit lebensdienlich ist. Die Einsicht, daß, was ich tue, meinem Leben Sinn gibt, weil es meine Lebensziele erfüllen hilft, ist wohl das wirksamste Motiv, den Willen zu bewegen, daß er sich in Bewegung setzt.

Freilich kann diese Einsicht nicht rein theoretisch vermittelt werden. Es bedarf der gelebten Vorbilder. Damit erscheint das dritte Führungsinstrument.

Das dritte Führungsinstrument: Beispielhafte Vorbildlichkeit

Der Gründer des Unternehmens war noch der Prinzipal. Er hatte sein hohes Ethos. Er war ein Vorbild. Seine Enkel besitzen eine Ethik. Aus dem gelebten Vorbild ist ein gedrucktes Leitbild geworden. Der Gründer führte durch sein persönliches Beispiel. Seine Enkel führen durch die unterschiedlichsten Führungstechniken. Sie haben diese auf der Hochschule erstmals kennengelernt. In den unterschiedlichsten Seminaren wurden sie eingeübt und auf dem laufenden gehalten. Dennoch fragt sich mancher gelegentlich, ob nicht auch ein Computer die Führung übernehmen könnte. Schließlich sei das Führungsgeschehen ein Steuerungsvorgang. (76)

In der Tat besteht die Gefahr, aus dem lebendigen Führungsgeschehen einen computergesteuerten Führungsvorgang zu machen. Um der Gefahr zu begegnen, besinnt man sich wieder auf die Vorbildlichkeit. Kein Zweifel: Vorbilder sind gefragt. Allein was und wer ist ein Vorbild?

□ Vorbild ist nicht, zu wem man (bewundernd) aufschaut oder wen man (originalgetreu) kopiert.

□ Vorbild ist vielmehr, wem man nachstrebt, nacheifert und nachfolgt. Mit anderen Worten: Vorbilder *bewegen*.
Das wußten schon die Alten. Sie sagten: „Verba docent. Exempla trahunt. Worte belehren, Beispiele reißen hin."

□ Damit das Vorbild einen bewegt, muß es nicht nur für sich selber gehen, sondern einem auch so vorangehen, daß man
- nicht mühsam *nach*kommt (mit der Gefahr, daß man bald einmal zurückbleibt),
- sondern freudig *mit*kommt (weil der Führende einen mitnimmt).

□ Vorbild kann man endlich nur auf beispielhafte Weise sein. Das Wort „Beispiel" stammt aus dem Altgermanischen. Es bedeutet wortwörtlich „nebenbei Erzähltes". (77) Das Vorbild wirkt beispielhaft. Das heißt: Wer unbedingt und um jeden Preis Vorbild sein will oder sich gar als Vorbild aufspielt, ist es gerade nicht. Vorbildlich wird man eher nebenbei und unauffällig. Vielleicht weiß man nicht einmal, daß man für andere ein Vorbild ist.

□ Vorbild ist, wer begeistert ist und begeistern kann. Die Begeisterung ist das Ergebnis einer dreifachen Fähigkeit
- Begeisterung ist zunächst die Fähigkeit, das vorhandene Gute zu sehen, auch wenn es klein ist.

- Begeisterung ist sodann die Fähigkeit, das verborgene Gute zu entdecken, auch wenn man vielleicht lange suchen muß.
- Begeisterung ist schließlich die Fähigkeit, das Ungute weder zu übersehen noch resignierend und daher tatenlos auf sich beruhen zu lassen, sondern es zum Guten oder wenigstens Besseren zu wenden. Dies gelingt dadurch, daß man zum ersten eine große Zukunftsvision besitzt, ihr zweitens mit möglichst konkreten Schritten immer näher kommt und zum dritten den andern beispielhaft vorangeht.

In diesem Sinne ist Begeisterung die Hochform der Motivation. Der Grundsatz lautet:

Motivation bewegt. Begeisterung beflügelt.

Ergebnis

1. Unternehmensethik ist an zweiter Stelle die Lehre der verantwortbaren Mitarbeiterführung.

2. Die Mitarbeiterführung ist verantwortbar, wenn sie
- mittelbar zu einer dienstfreudigen Berufsauffassung führt,
- unmittelbar dazu beiträgt, daß das Unternehmen eine erfolgreiche Arbeitsgemeinschaft ist.

3. Um dies zu erreichen, muß der Führende von einem positiven Menschenbild ausgehen, situationsgemäß einen kooperativ-partizipativen Führungsstil anwenden und durch eine lebensmäßige Zielvereinbarung sowie sein bei-

spielhaftes Vorbild die Mitarbeiter begeisternd motivieren.

4. Dabei wird erneut die Eigenart der Unternehmensethik deutlich: Sie greift die vorliegenden führungsmäßigen Erkenntnisse der Führungstheorie und Führungspraxis auf und beurteilt sie unter dem Gesichtspunkt ihrer Verantwortbarkeit.

5. Gerade im Bereich der Menschenführung hat die Führungstheorie und Führungspraxis in den vergangenen Jahrzehnten die größten Fortschritte erzielt. Die Führungsethik kann davon nur profitieren. Weitaus schwieriger wird es im dritten Bereich der Unternehmensethik.

3. Unternehmensethik ist die Lehre der verantwortbaren, weil nutzbringenden Einordnung des Unternehmens in das Gemeinwohl

So sehr es gilt, das einzelne Unternehmen zu verantworten, so wenig erschöpft sich die unternehmerische Verantwortung darin. Vielmehr gilt es, das Unternehmen in einem größeren Zusammenhang zu sehen und auch zu verantworten. Dabei zeigt sich, was in dieser Sicht die Hauptaufgabe und das Hauptproblem der Unternehmensethik ist.

Wir müssen das Einzelunternehmen in größeren Zusammenhängen sehen und verantworten.

Der unmittelbare Zusammenhang: die Wirtschaft

(1) Das Einzelunternehmen gehört zu einer bestimmten *Branche.* Das Einzelunternehmen trägt daher auch mit an der Verantwortung der Branche. Die schwarzen Schafe schaden allen. Daher sind die schwarzen Schafe einerseits zu brandmarken, andererseits nach Möglichkeit auszuschalten. Ein wichtiges Instrument hierfür sind Richtlinien innerhalb der Branche. (78)

(2) Das Unternehmen steht auch innerhalb der *Volkswirtschaft.* Daher trägt der Unternehmer auch einen Teil Verantwortung für die Volkswirtschaft. Nicht zuletzt muß er mithelfen, daß der Rechtsstaat eine Rahmenordnung festlegt, welche die volkswirtschaftlichen Interessen an das Gemeinwohl bindet.

(3) Endlich steht das Unternehmen innerhalb der *Weltwirtschaft.* Hier tauchen die schwierigsten Fragen auf. Zwar wissen wir: Wir brauchen eine Weltwirtschaftsordnung. Aber eine solche so zu entwerfen, daß sie nicht in abstrakten Höhen verbleibt und im Raum der Universitäten verhallt, ist ein äußerst schwieriges Unterfangen, das eben erst in Angriff genommen wird.

Der mittelbare Zusammenhang: die Gesellschaft

(1) Das Unternehmen hat nicht nur eine wirtschaftliche Bedeutung und Verantwortung, sondern auch eine *gesellschaftliche.* Denn das Unternehmen lebt nicht im luftleeren Raum, sondern in einer Gemeinde, einem Bezirk, einem Land.

Je nach seiner Größe hat es auch regionale oder sogar überregionale Bedeutung.

Weder kann es dem Unternehmen gleichgültig sein, wie es dem Gemeinwesen geht. Noch ist es für das Gemeinwesen belanglos, in welchem Zustand sich ein Unternehmen befindet. Denn in beiden Bereichen sind es die gleichen Menschen, die leben und arbeiten. In beiden Bereichen möchten sie sich selber verwirklichen. In beiden Bereichen soll ihr Leben glücken und gelingen. Daraus ergibt sich ein erster Grundsatz:

Der Unternehmer ist nur dann ein guter und verantwortlicher Unternehmer, wenn er auch eine gesellschaftliche Mitverantwortung übernimmt.

(2) Zum gesellschaftlichen Umfeld gehört auch der Staat. Denn der Staat ist im Grunde nichts anderes als die Gesellschaft, insofern sie sich eine Verfassung und die daraus folgenden Gesetze gibt. Der Staat ist mithin die rechtliche Abrundung der Gesellschaft. Wiederum sind es die gleichen Menschen, die nicht nur im Unternehmen und in der Gesellschaft, sondern auch im Staate leben, leben wollen und glücklich zu sein sich mühen. Darum kann es weder dem Staat gleichgültig sein, wie es dem Unternehmen geht. Noch kann sich der Unternehmer völlig aus seiner auch politischen Verantwortung herausstehlen.

Gerade in diesem Bereich gilt der Grundsatz: Handle auf verantwortliche Weise in deinem Teilbereich so, als ob du die Verantwortung auch für das Ganze trügest. Daraus ergibt sich der zweite Grundsatz:

Der Unternehmer ist nur dann ein guter und verantwortlicher Unternehmer, wenn er auch eine politische Mitverantwortung übernimmt.

Die politische Verantwortung nehmen wir vor allem in zweifacher Weise wahr:

□ zum einen in den Interessen- und Berufsverbänden,
□ zum anderen in den politischen Parteien.

Der Unterschied beider ist freilich genau zu beachten. Worin liegt beispielsweise der Unterschied zwischen einem Gewerbe*verband* und einer Gewerbe*partei?*

□ Jede *Partei* und damit auch eine Gewerbepartei nimmt unmittelbar die politische Verantwortung für das ganze Gemeinwesen wahr. Sie glaubt aber, daß das Gemeinwohl dieses Gemeinwesens nur dann gesichert ist, wenn darin das Eigenwohl des Gewerbes gewahrt ist. Sie vertritt also nicht unmittelbar das Interesse des Gewerbes. Sie vertritt das Interesse des Ganzen. Allein um des erstrangig verfolgten Gemeinnutzens willen, verfolgt sie in zweiter Linie auch das Interesse des Gewerbes, damit es ins Ganze integriert wird und innerhalb des Ganzen seine staatserhaltende Kraft entfalten kann.

□ Der Gewerbe*verband* ist unmittelbar Interessenvertretung des Gewerbes gegenüber anderen Interessenverbänden. Er hat in erster Linie nicht das Interesse des Gemeinwesens im Auge, sondern das wohlverstandene Interesse des Gewerbes. Allein, er kann natürlich gegenüber dem Gemeinwesen die Augen nicht verschließen. Darum muß auch er in zweiter Linie das Wohlergehen der Gemeinschaft im Auge behalten.

Man sieht daraus: Gewerbepartei und Gewerbeverband haben ein gemeinsames Anliegen, aber unterschiedliche Interessenrichtungen:

□ Die Gewerbepartei geht unmittelbar auf das Gemeinwesen, mittelbar auch auf das Gewerbe.

□ Der Gewerbeverband geht unmittelbar auf das Gewerbe, mittelbar auf das Gemeinwesen.

Auch hier geht es um schwierige Fragen der Verantwortung, sowohl der Verbände als auch der Parteien.

□ Es ist die Pflicht eines *Verbandes*, die Interessen seiner Mitglieder zu vertreten. Doch muß er das Gesamtinteresse im Auge behalten. Sonst handelt er verantwortungslos, indem er den kurzfristigen Nutzen seiner Mitglieder zulasten des längerfristigen Gesamtnutzens vertritt. Das aktuelle Beispiel steht uns klar vor Augen. Geht es den deutschen Gewerkschaften eigentlich um Prestige-Gewinn oder darum, Interessen der Mitglieder so zu vertreten, daß der Gesamtwirtschaft kein Schaden erwächst?

□ Es geht aber auch um die Pflicht der *Parteien*, die Interessen des ganzen Staatswesens so wahrzunehmen, daß die Interessen aller aufeinander abgestimmt werden. Der freie Rechtsstaat muß ein Sozialstaat sein. Die Freiheit der einzelnen darf nicht zur rücksichtslosen Freiheit der Beliebigkeit und Willkür entarten. Sie muß als soziale Freiheit immer wieder neu gestaltet werden. Dies gilt nicht nur für die einzelnen Menschen. Es gilt nicht weniger auch für die unterschiedlichen Gruppierungen von Menschen, zu denen auch die Interessenverbände der Wirtschaft gehören, sei es auf Arbeitnehmer-, sei es auf Arbeitgeberseite.

Die Einordnung der größeren Zusammenhänge: das Gemeinwohl

Die größeren wirtschaftlichen und gesellschaftlichen Zusammenhänge zu sehen, ist notwendig. Allein, dies genügt nicht. Ähnlich ist, vernetzt zu denken (79) notwendig. Wer aber beim vernetzten Denken stehenbleibt, wird bald als arme Fliege im Spinnennetz seiner (vielleicht recht versponnenen) Gedanken hilflos zappeln. So gilt es denn, die Zusammenhänge auch einzuordnen und das Gedankennetz wechselseitiger Abhängigkeiten in eine Gesamtheit zu bringen.

Der alte Ausdruck für die größere Ordnung der Zusammenhänge und die Gesamtheit des sozialen Netzwerkes heißt Gemeinwohl.

Wir müssen das Einzelunternehmen innerhalb des Gemeinwohls sehen und verantworten.

Mit dem Gedanken des Gemeinwohls sind schwierigste theoretische und praktische Fragen verbunden. Man denke in Deutschland an die neuen Bundesländer. Man denke an Europa. Man denke an die Welt.

Auch die Unternehmensethik, die spätestens hier zur Wirtschaftsethik werden muß, tut sich außerordentlich schwer. Notgedrungen bleibt sie bei allgemeinen Überlegungen. Sie sind zwar durchaus richtig. Aber in ihrer Allgemeinheit bekommen sie noch nicht den Teufel zu Gesicht, der bekanntlich allemal im Detail sitzt. Noch einmal sei dankbar an *Arthur Richs* Wirtschaftsethik erinnert. (80)

Im übrigen stellt die Sozialethik, zumal in der Form der katholischen Soziallehre, drei Grundsätze bereit, die den abstrakten Begriff des Gemeinwohls wenigstens etwas faßbarer machen.

Das Prinzip des personalen Gemeinwohls (81)

(1) Als Person mit Selbstbewußtsein, Selbstbestimmung (Freiheit) und Selbstverantwortung ruht der Mensch in sich selbst. Mit seinem Eigenwert ist er auch auf sein Eigenwohl aus.

(2) Allein der Mensch ist von Grund aus und damit immer Mitmensch. Er lebt in sich, aber nicht für sich allein. Er lebt vielmehr auf andere hin. Als Gemeinschaftswesen ist er auf Gemeinschaft aus und lebt innerhalb einer Gemein-

schaft. Deshalb heißt die grundlegende Aussage über den Menschen nicht: Ich und die andern. Sie heißt vielmehr: Wir gemeinsam oder „Ich im Wir“.

(3) Deshalb muß der Mensch durchaus sein Eigenwohl suchen. Doch als Mitmensch kann er sein eigenes Wohl nicht in einem individuellen (isoliert gesuchten) Privatwohl finden. Er findet vielmehr sein Eigenwohl im Gesamtwohl einer Gemeinschaft.

Er findet sich selbst, indem er sich in seiner Gemeinschaft findet. In diesem Sinne gilt:

Gemeinnutz geht vor Eigennutz.

Allein, wie findet der Einzelne seinen Platz in der Gemeinschaft; und wie ist der Eigennutz im Gemeinnutzen enthalten? Darauf geben die beiden anderen Sozialprinzipien eine erste Antwort.

Das Prinzip der ergänzenden Hilfeleistung (Subsidiaritätsprinzip) (82)

„Subsidium“ ist im Lateinischen zunächst ein militärisches Fachwort. Es bedeutet wörtlich, „was im Hintergrund lagert“ und damit das „Hintertreffen“. Im Hintergrund aber lagert meistens die Reserve. Deshalb bedeutet „subsidium“ auch die Hilfstruppe, die Verstärkung und den Beistand durch die Truppen, die im Hintergrund als Reserve lagern.- Später wird das Wort übertragen und allgemeiner gebraucht. Dann heißt es

„Rückhalt, Beistand, Hilfsmittel, Abhilfe, Schutz, Zuflucht".

Am deutlichsten wird uns der Sinn des Subsidiaritätsprinzips im Bild der Truppe, die im Hintergrund als Reserve lagert. Ihr obliegt eine dreifache Aufgabe. Zum ersten ist sie nicht eine Kampftruppe und kämpft darum nicht an vorderster Front. Zum zweiten hält sie der Kampftruppe den Rücken frei. Sie gibt der Kampftruppe Rückhalt. Deshalb können diese ihre ganze Kraft nach vorne richten. Zum dritten ist sie aber stets bereit, auch selber in die Kämpfe einzugreifen, sobald die Kampftruppen in Bedrängnis geraten.

Demzufolge besagt auch das Subsidiaritätsprinzip ein Dreifaches:

(1) Jeder einzelne hat so lange und so weit für sich selber und die Seinen zu sorgen, als er dazu imstande ist. Denn der Mensch kann sich selber nur verwirklichen, wenn er seine eigenen Kräfte regt. Nun aber hat der Mensch ein Recht auf seine Selbstverwirklichung. Also hat er auch das Recht, daß ihm niemand abnimmt, was er selber kann. Insofern geht es im Subsidiaritätsprinzip um den Vorrang der Privatinitiative und Eigenleistung.

(2) *Schillers* Wort im „Wilhelm Tell" hat gewiß seine Berechtigung: „Der Starke ist am mächtigsten allein." Aber auch der Stärkste ist nicht immer stark. Auch gibt es nicht nur starke Menschen. Jeder bedarf zuweilen der Hilfe. Jeder kann jederzeit hilflos werden und unbeholfen

bleiben. Diese Einsicht kann eine lähmende Angst erzeugen. In dieser Lähmung vermag man nicht einmal das, was man eigentlich könnte. Darum ist es gut zu wissen: Im Falle der Not ist Hilfe da. Das ermutigt, das Eigene zu leisten, so gut und so lange man es vermag. Insofern verweist das Subsidiaritätsprinzip auf den Rückhalt in der Gemeinschaft.

(3) Falls der Notfall wirklich eintritt, ist wirksame Hilfe da. Die Gemeinschaft greift ein. Aber sie hilft nur so weit und so lange, als die eigene Hilflosigkeit und Unbeholfenheit anhält. Insofern geht es im Subsidiaritätsprinzip um Hilfe zur Selbsthilfe. Sie ist Hilfe in und aus der Not. Aber sie will weder unmündig machen noch bevormunden.

Der treffende bildliche Ausdruck für das Subsidiaritätsprinzip lautet:

Die Kirche soll im Dorf bleiben.

Dies besagt: Jedes währschafte Dorf soll auch seine eigene Kirche haben; und wenn es schon seine eigene Kirche hat, soll darin auch ein eigener Dorfgottesdienst stattfinden. Ich soll also nicht erst in die Stadtkirche gehen und zur Bischofskathedrale schreiten müssen, um einen Gottesdienst besuchen zu können.

Nach dem Subsidiaritätsprinzip muß Hilfe wirksame, aber subsidiäre Hilfe und damit Hilfe zur Selbsthilfe sein. Allein, was ist der Maßstab für diese Hilfe zur Selbsthilfe? Das dritte Prinzip gibt Antwort.

Das Solidaritätsprinzip (83)

Mit dem Ausdruck „Solidarität" befinden wir uns im Rechtsbereich. In der Rechtssprache bezeichnet „obligatio in solidum" eine Verbindlichkeit, für die mehrere in der Weise „haften" (und damit in Anspruch genommen werden können), daß jeder für die *ganze* Leistung einstehen muß. Praktisch bedeutet dies: Für das, was der Hauptschuldner nicht leistet, müssen die anderen einspringen und so viel bezahlen, bis die ganze Schuld beglichen und das volle „Soll" erreicht ist.

Anders haften die Gesellschafter in einer Aktiengesellschaft oder in einer Gesellschaft mit beschränkter Haftung:

□ In der Aktiengesellschaft können die *einzelnen* Aktionäre höchstens ihre eigenen Aktien verlieren, ohne persönlich für die Verbindlichkeiten der Gesellschaft zu haften.

□ In der Gesellschaft mit beschränkter Haftung haftet für deren Verbindlichkeiten *nur* das Gesellschaftsvermögen, ohne daß auf das Privatvermögen der einzelnen Gesellschafter zurückgegriffen werden könnte.

Dies alles besagt für das Solidaritätsprinzip:

(1) Unser Schicksal als Menschen ist so miteinander (seins- und lebensmäßig) verstrickt, daß wir

auch (verantwortungsmäßig) füreinander haften. Die Gemeinverstrickung führt zu einer Gemeinhaftung. Wir sind in der Tat der Schwester oder des Bruders Hüterin oder Hüter (Gen 4,9).

(2) „In solidum" füreinander haftend, sind wir verpflichtet, einander zu helfen.

(3) Das Maß unserer Hilfe bemißt sich nach zwei Merkmalen:

☐ Einerseits müssen wir so weit helfen, als der *andere* auf unsere Hilfe angewiesen ist.

☐ Andererseits müssen wir so weit helfen, als unsere *eigene* Hilfsmöglichkeit reicht.

Kurzum: Ich muß dem, der auf meine Hilfe angewiesen ist, so weit und so lange helfen, als ich dazu imstande bin. Es gibt folglich kein ein für allemal feststehendes Maß der Hilfeleistung. Es ist vielmehr immer wieder neu zu suchen und anhand der beiden genannten Merkmale neu zu bestimmen.

Auch für das Solidaritätsprinzip haben wir zwei volkstümliche Redearten gefunden. Für die Grundlage der Solidarität, nämlich die Gemeinverstrickung gilt:

Wir sitzen alle im gleichen Boot.

Dies bedeutet: Entweder gehen wir gemeinsam unter. Oder wir retten uns gemeinsam.

Den Gedanken der Solidarität selbst pflegen wir mit dem Wort auszudrücken:

Einer für alle. Alle für einen.

Die drei Sozialprinzipien werden zwar von der katholischen Soziallehre nachdrücklich vertreten. Aber sie sind selbstverständlich kein katholisches Sondergut. Sie entsprechen dem gesunden Menschenverstand. (84) Allerdings haben die Prinzipien ihren geistigen Ursprungsort im Bereich der kleineren und überschaubaren Gemeinschaften. Der Sozialethik obliegt es, die Sozialprinzipien auch im Blick auf die heutige europäische Gemeinschaft und auf die Weltgesellschaft zu durchdenken. Gerade im Blick auf Europa ist gegenwärtig vom Subsidiaritätsprinzip viel die Rede .(85) Auch ist weltweit Solidarität in aller Munde. Nur ist das, wovon alle reden, noch lange nicht wirksame solidarische Hilfe. (86) Um so mehr gilt es, die gegenwärtige Hauptaufgabe der zur Wirtschaftsethik ausgeweiteten Unternehmensethik zu sehen.

Bei der verantwortlichen Einordnung des Unternehmens ins Gemeinwohl ist die Hauptaufgabe, unsere soziale Marktwirtschaft zu einer ökosozialen Marktwirtschaft weiterzuentwickeln.

1) Erneut hat sich gezeigt: Die *freie* Marktwirtschaft ist im Vergleich zu anderen Wirtschaftssystemen das dem freien und verantwortlichen Menschen am meisten entsprechende.

2) Allerdings haben wir auch gelernt: Die freie Marktwirtschaft ist nur dann frei genug, wenn sie als *soziale* Marktwirtschaft verstanden wird und möglichst viel Freiheit von möglichst vielen Menschen ermöglichen hilft. Die Erweiterung von der bloß freien zur auch sozialen Marktwirtschaft war möglich, als man im Mitarbeiter nicht nur die Arbeitskraft sah, sondern auch den Mitarbeiter, der ein gewaltiges Humanvermögen in sich trägt. (87)

Als man das Humanvermögen entdeckt hatte, war man bereit und fähig, auch die Humankosten zu übernehmen. Jetzt ist der Mitarbeiter nicht nur als Lohnempfänger Kostenverursacher. Indem er dem Unternehmen sein Humanvermögen zur Verfügung stellt, ist er auch Gewinnproduzent. So gesehen bekommt die schwierige Frage der Lohn- und Entgeltpolitik eine neue Qualität.

3) Heute müssen wir die soziale Marktwirtschaft um eine neue Dimension erweitern. Die Marktwirtschaft muß eine *öko*-soziale Marktwirtschaft werden. Damit dies möglich ist, müssen wir wiederum das Öko-Kapital entdecken, das in einer unbeschädigten Lebenswelt liegt. Dann werden wir auch fähig und willens sein, die Öko-Kosten zu begleichen.

Bisher galt der Bereich der Ökologie weithin als herrenloses Gut. Vor allem die Luft gehörte niemandem. Sie stand unbegrenzt zur Verfügung. Jeder konnte sich nehmen, was er davon brauchte. Alle konnten damit machen, was sie wollten. Die Folgen dieser Haltung sind bekannt.

Nun ist uns bewußt geworden, daß auch Luft und Wasser wirtschaftliche Güter sind und damit einerseits knapp, andererseits vielseitig verwendbar. Deshalb sind sie sowohl kostbar als auch kostspielig. Wenn überhaupt, haben wir die Kosten von Luft und Wasser bisher die Allgemeinheit zahlen lassen. Die Öko-Kosten trug das Gemeinwesen. Nun müssen wir dazu übergehen, die Öko-Kosten auf die Preise aufzuschlagen. Nur so, aber gerade dann wird eine ökologische Produktions- und Entsorgungsweise und werden ökologisch einwandfreie Produkte zu einem unternehmerischen Erfolgsfaktor. (88)

4) Bei der Lösung der Hauptaufgabe besteht ein Hauptproblem darin, die ethischen Trittbrettfahrer auszuschalten und der Grenzmoral nach unten zu wehren.

Unsere freie und soziale Marktwirtschaft ist ökosozial weiterzuentwickeln. So weit, so gut. Der Zustimmung darf man gewiß sein. Die Not beginnt zu drängen. Allein, gerade in diesem Zusammenhang wird ein Umstand besonders deutlich, der ganz allgemein die Individual- und Personalethik einerseits und die Sozialethik andererseits unterscheidet:

□ In der Individual- und Personalethik geht es unmittelbar um mich selber und um meinen Nächsten. Ich soll mit mir selbst, aber auch mit dem andern verantwortlich umgehen und für beide Sorge tragen. In diesem Bereich stehen wir Menschen einander unmittelbar gegenüber. Wir schauen uns in die Augen.

Dort, wo es unmittelbar darum geht einander von Angesicht zu Angesicht zu begegnen, sind Ermahnungen, Aufmunterungen und beschwörende Appelle eine wirksame Hilfe für das aufrechte und richtige Verhalten. Die Sonntagspredigt tut ihre Wirkung.

□ Im Bereich der Sozialethik geht es nicht um die unmittelbare Beziehung von Mensch zu Mensch. Es geht um Institutionen und Einrichtungen. Es geht um eine unabsehbare Vielheit von Menschen. Nicht das Persönliche steht im Vordergrund, sondern das Anonyme.

In diesem Bereich taugen Appelle wenig. Papstansprachen sind gut gemeint. Sie verhallen fast immer wirkungslos. Im Bereich der Sozialethik bedarf es handfesterer Motive. Das handfesteste Motiv ist die Nützlichkeit.

Daher obliegt der Sozialethik die Aufgabe, zu untersuchen, wie das ethisch einwandfreie Verhalten nicht nur gut gemeint und sachlich richtig, sondern auch erfolgreich und nützlich ist.

Wie also wird das Gute auch noch nützlich? Die grundsätzliche Antwort ist einfach:

□ In manchen Fällen ist das Gute schon von sich aus nützlich.

□ In anderen Fällen müssen wir selbst das Gute auch noch nützlich machen.

□ Es bleiben einige Fälle, in denen das Gute nicht nützlich gemacht werden kann. Dann müssen wir versuchen, das Gute auch um seiner Gutheit willen zu tun, selbst wenn wir keinen unmittelbaren Nutzen davon haben und Beeinträchtigungen in Kauf nehmen müssen.

Für die Sozialethik bleibt die Hauptfrage: Wie können wir, was wir (als gutgemeint und sachlich richtig) verantworten können, auch noch nützlich machen?

Manchmal ist das Gute auch nützlich. – Ohne theoretische Erörterungen ist uns aus eigener Erfahrung klar: Manchmal erweist sich das Gute auch als nützlich. Nicht umsonst drücken diese Einsicht eine ganze Reihe von Sprichwörtern aus:

- Ehrlich währt am längsten.
- Wohltun trägt Zinsen.
- Unrecht Gut gedeihet nicht.

Entscheidend ist das erste Sprichwort: Ehrlich währt am *längsten*. Es besagt: *Langfristig* hat der Ehrliche Erfolg und nur er hat Erfolg. Denn „wer den andern eine Grube gräbt, fällt selbst hinein". Wer auf langfristigen Erfolg aus ist, kommt gar nicht daran vorbei: Er muß verantwortlich handeln und die langfristigen Folgen bedenken.

Allein, dies ist nur die *eine* Seite der Medaille. Die andere besagt: *Nur* langfristig hat der Ehrliche Erfolg. Kurzfristig kann der verantwortungslose Schläuling erfolgreicher sein. Mehr noch: Er ist imstande, kurzfristig den Ehrlichen zu übervorteilen, an die Seite zu drücken, wenn nicht gar zu beseitigen. Gewiß ist es erhebend, wenn der Männerchor an meinem Grabe singt: „Üb' immer Treu und Redlichkeit, bis an dein kühles Grab." Aber es ist jammerschade, wenn ich die Kühle des Grabes deswegen habe aufsuchen müssen, weil ich der Hitze des geschäftigen Alltags nicht gewachsen war und dem Hitzschlag eines Konkurses jäh erlegen bin.

Aus dieser Einsicht ergibt sich eine Aufgabe: Wenn die auf langfristigen Erfolg bedachten Unternehmerinnen und Unternehmer nicht kurzfristig von den ethischen Trittbrettfahrern an die Wand gespielt werden wollen, müssen sie dafür Sorge tragen, daß das ethisch einwandfreie Verhalten mindestens mittel-, wenn nicht sogar kurzfristig nützlich wird.

Gewiß kann man an die Unredlichen Appelle richten. Doch Appelle müssen gehört und können leicht überhört werden. Für diesen Fall muß gelten: Wer nicht *hören* will, muß *fühlen*. Das unethische Verhalten darf nicht kurzfristig belohnt werden. Das unethische Verhalten muß sich schon binnen kurzem für den Unredlichen als schädlich erweisen. Der Unverantwortliche muß durch Schaden klug werden.

Das ethisch verantwortbare Verhalten kann auch kurzfristig nützlich gemacht werden. – Wir Menschen sind dem unverantwortlich Handelnden nicht wehrlos ausgeliefert. Wir können ihn einerseits zur Rechenschaft ziehen. Andererseits können wir ihn – bis zu einem gewissen Grad – vorbeugend daran hindern, sich unrechtmäßig zu verhalten. Dies geschieht durch dreierlei Maßnahmen. Im Blick auf das Unternehmen müssen sie in dreifacher Stufung vorgenommen werden:

Wir müssen dreierlei Maßnahmen gegen den unethisch Handelnden treffen.

Zunächst müssen wir die Spielregeln festlegen, die in der Gemeinschaft gelten sollen. Dabei soll der individuellen Freiheit ein möglichst großer Raum gelassen werden. Aber jene Werte, ohne die das Leben in Gemeinschaft nicht möglich oder erheblich erschwert ist, müssen geachtet und beachtet werden. Dafür müssen wir gemeinsame Spielregeln festlegen. Das sind die Spielregeln der ersten Ordnung.

Zum zweiten müssen wir Regeln festlegen für den Fall, daß sich einer nicht an die Spielregeln hält und zum Spielverderber wird. Wir müssen uns gemeinsam auf Sanktionen einigen. Sie müssen den Übeltäter so wirksam treffen, daß er, der nicht hat hören wollen, nun um so empfindlicher fühlen muß. Es muß ihm ans Lebendige und unter die Haut gehen. Das sind die Spielregeln zweiter Ordnung.

Endlich müssen wir gemeinsam Maßnahmen vorsehen, welche die Sanktionen im Eintretensfalle unverzüglich wirksam werden lassen. Sanktionen dürfen nicht bloß Drohgebärden bleiben. Sonst bleibt es bei jenen Appellen, von denen sich höchstens der Gutmütige ansprechen läßt. Das sind die Spielregeln dritter Ordnung.

Im Bereich des Unternehmens müssen diese drei Arten der Spielregeln in dreifacher Stufung erfolgen.

Auf der untersten Ebene geht es um die Richtlinien innerhalb des Unternehmens selbst. Sollen die Richtlinien und Leitbilder nicht bloß schöne Erklärungen bleiben, müssen sie - einschlußweise oder auch ausdrücklich - die drei Arten der Spielregeln enthalten. Nur so kann der Übeltäter oder Schläuling im Unternehmen dingfest gemacht werden.

Auf der zweiten Ebene bedürfen wir der Richtlinien für die einzelnen Branchen. Es geht darum, die schwarzen Schafe innerhalb der Branche namhaft machen und gegebenenfalls auch ausscheiden zu können. Denn ohne Zweifel hat es das einzelne Unternehmen schwerer, wenn es zu einer Branche gehört, deren Ruf Schaden gelitten hat. Darum sind alle miteinander für den guten Ruf der Branche als ganzer verantwortlich.

Endlich bedürfen wir einer Rahmenordnung auf der Ebene des Staates oder einer internationalen Staatengemeinschaft. Auch diese staatliche Rahmengesetzgebung muß freiheitlich sein und dem Gedanken der Subsidiarität entsprechen. Aber sie muß deutlich zum Ausdruck bringen, daß sie nicht nur Appell-Charakter hat, sondern das soziale Leben in der Wirtschaft, Gesellschaft und im staatlichen Bereich wirksam zu gestalten vermag.

Damit das ethisch verantwortbare Verhalten auch kurzfristig nützlich gemacht werden kann, müssen wir uns um eine „Grenzmoral nach oben" bemühen und daher um eine anständige Grund-

haltung im wirtschaftlichen, gesellschaftlichen, staatlichen und überstaatlichen Bereich besorgt sein.

Die drei Arten von Spielregeln auf den drei Ebenen sind notwendig. Allein, damit sie wirksam werden und zum gewünschten Erfolg führen, bedarf es einer grundlegenden Voraussetzung: Es ist die Grundhaltung von Treu und Glauben, von Redlichkeit und von Anstand. Im Widerspruch dazu steht die sogenannte Grenzmoral nach unten. (89)

Es droht eine Grenzmoral nach unten

Noch einmal: Gesetze sind notwendig und gut. Aber man kann mit Gesetzen unterschiedlich umgehen:

□ Da ist der *Legalist.* – Er fragt nicht nach dem Sinn des Gesetzes, sondern nach dem Buchstaben. Er befolgt das Gesetz buchstäblich. Nicht weniger, nicht mehr. Im besten Fall ist er gesetzestreu. Im schlimmsten Fall wird er zum Prinzipienreiter (der auch über Leichen geht). Zu Ende gedacht heißt es: „summum ius, summa iniuria – Das strengste Recht (ist) das größte Unrecht". Auf die Spitze getrieben, wird das Recht zum Unrecht. (90)

□ Da ist der *Grenzmoralist nach unten.* – Er hält sich an das Gesetz, indem er versucht, Gesetzeslücken zu entdecken und jedenfalls nicht straffällig zu werden. Er lebt von zwei Grundsätzen:

Erstens: Bewege dich am Rande der Legalität. –

Schöpfe den Spielraum des Gesetzes so weit wie möglich aus. Gehe bis an den Rand. Tue gesetzlich so wenig wie möglich. Du kannst alles machen. Nur werde nicht straffällig und kriminell. Die Grenze seines Handelns bestimmt also das Strafgesetz und die Kriminalität.

Zweitens: Laß dich nicht erwischen. - Wer sich am Rande der Legalität bewegt, kann als Randsiedler und Grenzgänger nicht verhindern, daß er gelegentlich die Grenze überschreitet. Wer auf der Kante geht, muß mit einem Fehltritt rechnen, der den Absturz unweigerlich zur Folge hat. Mit dem Absturz rechnend, sagt sich der Grenzgänger: Laß dich nicht erwischen.

□ Da ist der *Grenzmoralist nach oben.* - Er fragt sich nach dem Sinn und Geist des Gesetzes. Er sieht ein, daß Gesetze notwendig sind und dem Nutzen aller und damit auch ihm dienen. Deshalb steht er zum Gesetz; und er steht dahinter. Deshalb bewegt er sich an der oberen Grenze des Gesetzes. Im Zweifelsfall tritt er für das Gesetz ein und befolgt es (vielleicht über den bloßen Buchstaben hinaus).

Die Folgen der Grenzmoral nach unten sind verheerend.

Ohne Zweifel drückt der Grenzmoralist die Gesetzesmoral nach unten. Nicht genug damit. Er löst einen Teufelskreis nach unten aus. Der Teufelskreis beginnt damit, daß der Grenzmoralist höchst persönlich sich an der unteren Grenze der Rechtmäßigkeit bewegt. Damit hat er einen gewissen Erfolg. Nun sagen sich viele andere: „Wir wollen doch nicht die Dummen sein." Kurz entschlossen betreiben auch sie eine Grenzmoral nach unten.

Wenn sehr viele der Grenzmoral nach unten huldigen, hört die Grenzmoral auf, *Grenz*moral zu sein. Sie wird zum Normalfall. Man nimmt es nicht mehr so genau mit dem Gesetz. Die Aufsichtsbehörden werden nachlässig. Die Richter sehen vieles durch. Man läßt nicht mehr nur ausnahmsweise auch fünfe gerade sein. Fünf wird grundsätzlich zu einer geraden Zahl.

Erneut meldet sich der Grenzmoralist. Was früher Grenzmoral war, ist zum Normalfall geworden. Er aber lebt grundsätzlich an der Grenze. Daher bewegt er sich nunmehr an der unteren Grenze dessen, was früher Grenzmoral war, inzwischen aber zum Normalfall geworden ist. Wiederum ziehen die andern nach. Der Teufelskreis setzt sich fort bis zur Katastrophe.

Um den verheerenden Folgen der Grenzmoral nach unten zu begegnen, brauchen wir eine Grenzmoral nach oben und damit Pioniere, die mit dem guten Beispiel vorangehen.

Um der Katastrophe zu entgehen, gibt es nur eines: Es muß neben den Grenzmoralisten nach unten auch solche geben, die eine Grenzmoral nach oben vertreten. Ohne eine genügende Anzahl von Bürgerinnen und Bürgern, von Unternehmerinnen und Unternehmern, von Politikerinnen und Politikern taugen alle gesetzlichen

Verordnungen wenig. Damit dieser genügende Anteil erreicht wird, bedarf es der Pioniere.

Pioniere sind Menschen, die mit dem guten Beispiel vorangehen und als Vorbilder wirken. Pioniere der Grenzmoral nach oben sind Menschen, die das Gesetz erfüllen, nicht bloß weil es gesetzliche Vorschrift ist. Sie kommen dem Gesetz vielmehr aus innerer Einsicht und aus innerer Grundehrlichkeit nach.

Damit ist noch einmal eine Aufgabe der Unternehmensethik deutlich geworden. Sie muß immer auch die Lehre von den sittlichen Tugenden eines Unternehmers sein. Früher gab es die Fürstenspiegel. Darin erblickte der Fürst sich selbst. Nur wenn er in diesen Spiegel sah, konnte er sich selber - guten Gewissens - in die Augen sehen.

Ähnlich brauchen wir Spiegel für Unternehmerinnen und Unternehmer. Wie muß ich mich als Unternehmerin oder Unternehmer verhalten, damit ich mich nicht nur in der Öffentlichkeit sehen lassen kann, sondern mir auch selber in die Augen zu sehen vermag. Gewiß wird in der Unternehmensethik das Institutionelle immer mehr Gewicht bekommen. Dennoch muß das Persönliche und Personale das Herzstück der Unternehmensethik bleiben.

Ergebnis

1) Unternehmensethik ist die Lehre der verantwortbaren, weil nutzbringenden Einordnung des Unternehmens in das Gemeinwohl.

2) Als Lehre dieser Einordnung muß die Unternehmensethik zunächst das Unternehmen in seinen größeren wirtschaftlichen, gesellschaftlichen und politischen Zusammenhängen sehen und die wirtschaftliche, gesellschaftliche und politische Verantwortung der Unternehmer deutlich machen.

3) Als Lehre dieser Einordnung muß die Unternehmensethik sodann die herkömmlichen Sozialprinzipien des personalen Gemeinwohls, der Subisidiarität und der Solidarität europäisch und weltweit bedenken.

4) Als Lehre der verantwortbaren Einordnung muß die Unternehmensethik - mit Hilfe der drei Sozialprinzipien - mithelfen, zwei gegenwärtige Hauptfragen zu lösen:

☐ Einerseits die Weiterentwicklung der sozialen Marktwirtschaft zu einer öko-sozialen Marktwirtschaft;

☐ andererseits die Ausschaltung der ethischen Trittbrettfahrer.

5) Als Hilfe zur Ausschaltung der ethischen Trittbrettfahrer muß die Unternehmensethik neben allen institutionellen Fragen immer auch die sittlichen Grundhaltungen der Unternehmerinnen und Unternehmer bedenken. Anstand ist gefordert. Nur dann kommt es zur Unternehmenskultur.

Was folgt aus der Unternehmensethik?

Ethik ist – wie gesagt – als Reflexion des gelebten Ethos Theorie der ethischen Praxis. Sie ist weder die ethische Tat selbst, noch ersetzt sie den persönlichen Gewissensentscheid. Wohl aber stellt sie für den persönlichen Gewissensentscheid Entscheidungshilfen bereit.

Auch die Unternehmensethik ist zunächst lediglich eine Theorie. Die ethischen Leitsätze eines Unternehmens stehen erst auf dem Papier. Sie sind ihr Glanzpapier nur wert, wenn sie nicht Papier bleiben. Daher rufen sie nach Verwirklichung. Sie müssen praktische Folgen zeitigen. Es sind vor allem drei.

Verwirklichte Unternehmensethik schafft Unternehmenskultur

Erinnern wir uns noch einmal: Beim Unternehmensgründer war alles Praxis und gelebtes Leben. Die Enkel waren zur Theoriebildung genötigt. Nicht minder tut ihnen not, daß sie die Theorie wieder in die Praxis umsetzen. Dann haben sie ihren Großvater aus der Vergangenheit in die Gegenwart zurückgeholt. Über den notwendigen Umweg der ethischen Theorie sind sie wiederum beim unternehmerischen Ethos angelangt. Das unternehmerische Ethos, das beim Großvater spontan gegeben war, ist bei den Enkeln - nunmehr freilich gedanklich durchreflektiert - erhalten geblieben und erneuert worden.

Dank dieses gelebten unternehmerischen Ethos kommt es im Unternehmen zur *Unternehmenskultur.* Unternehmenskultur ist die Gesamtheit jener Haltungen, Gesinnungen, Umgangsformen und Bräuche, die einem Unternehmen das bestimmte Gepräge geben. Im Gegensatz zur Ethik ist Kultur nicht Papier, sondern tägliche Praxis. Wer daher nach Unternehmensethik fragt, darf sich vom Unternehmen nicht nur die Leitsätze auf Glanzpapier überreichen lassen. Er muß durch das Unternehmen gehen und sehen, wie diesen Leitsätzen alltäglich nachgelebt wird, mit anderen Worten: wie es mit der Unternehmenskultur steht.

Unternehmenskultur als verwirklichte Unternehmensethik und als gelebtes Unternehmensethos führt zur Corporate Identity

Schon lange spricht man auch im Deutschen gerne von Corporate Identity. Dabei entging den klugen Amerikanern, daß es bei der Corporate Identity und Corporate Personality um einen alten biblischen Grundbegriff handelt. (91) Jedenfalls hat der Begriff der Corporate Identity sich in drei Schritten entwickelt.

(1) Einstmals meinten die amerikanischen Unternehmensberater, Corporate Identity bestehe darin, daß ein Unternehmen für Briefköpfe, Lieferungswagen und Produkte das gleiche Firmensignet verwende. Am Signet sollte das Unternehmen identifiziert werden können. So legten sie Wert auf eine gediegene Identitätskarte.

(2) Später kamen sie auf den Gedanken, die Identitätskarte genüge nicht. Es müsse auch eine gewisse Identität der Dienstleistungen und Produkte vorhanden sein. Es dürfen im Unternehmen nicht Hundefutter und Menschennahrung auf dem gleichen Gestell stehen. Diversifikation hat Grenzen.

(3) Endlich entdeckten die klugen Amerikaner: Corporate Identity beruht vor allem darauf, daß sich die Mitarbeiter, aber auch Lieferanten und Kunden mit dem Unternehmen identifizieren. Daher muß das Unternehmen Identifikationsangebote bereitstellen. Sie müssen so vielfältig

sein, daß Frauen und Männer, junge Mitarbeiter und ältere, leistungsorientierte und freizeitorientierte Menschen genügend Gründe finden, um sich gerade mit diesem Unternehmen zu identifizieren.

Anders gesagt: Die verwirklichte Unternehmensethik und das gelebte Unternehmensethos müssen eine solche Unternehmenskultur schaffen, in der es möglichst vielen Mitarbeitern bei ihrer Arbeit wohl ist. Dank dieser Unternehmenskultur kommt ein Wir-Gefühl auf. Ohne Familie zu werden, soll das Unternehmen dennoch wenigstens ein Stück Heimat sein. Man ist nicht einfach ein Mitarbeiter. Man ist Betriebsangehöriger.

Corporate Identity ist nicht möglich ohne Personalentwicklung

Das wichtigste Identifikationsangebot eines Unternehmens ist die Möglichkeit, daß man sich in einem Unternehmen durch seine berufliche Tätigkeit auch selber entwickeln und verwirklichen kann. Diese persönliche Entwicklung ist um so notwendiger, als es gilt, mit dem schnellen technischen und organisatorischen Wandel des Unternehmens Schritt zu halten. Das ist das Anliegen der sogenannten *Personalentwicklung.*

(1) Die heutige Personalentwicklung ist mehr als die herkömmliche berufliche Fort- und Weiterbildung

Ohne Zweifel brauchen wir heute eine gediegene berufliche Grundausbildung. Nicht weniger notwendig ist jedoch einerseits die berufliche Fortbildung, damit man beruflich auf dem laufenden bleibt, anderseits eine berufliche Weiterbildung, damit man sich neue berufliche Kompetenzen erwirbt. Allein dies genügt heute nicht mehr.

(2) Personalentwicklung ist ein Beitrag zur Persönlichkeitsentfaltung der Mitarbeiter

Alle Mitarbeiterinnen und Mitarbeiter begegnen im Verlauf ihrer beruflichen Tätigkeit einem dreifachen Wandel. Organisatorisch ändert sich im Unternehmen vielleicht sehr viel. Ebenfalls ist der technische Wandel nicht zu übersehen. Schließlich ändert sich auch das gesellschaftliche

Umfeld. Dieser dreifache Wandel setzt bei den Mitarbeitenden eine große Wandlungsfähigkeit voraus. Diese Wandlungsfähigkeit zu wecken, zu fördern und zu erhalten ist das *unmittelbare* Ziel der Personalentwicklung.

So gesehen, läßt sich Personalentwicklung wie folgt umschreiben:

Personalentwicklung sind die Maßnahmen eines Unternehmens, um alle Mitarbeiterinnen und Mitarbeiter aller Stufen in Stand zu stellen,
- *den ihnen zugemuteten technischen, organisatorischen und gesellschaftlichen Wandel*
- *nicht nur passiv über sich ergehen zu lassen (und in innerer Kündigung die Pensionierung abzuwarten),*
- *sondern, soweit wie möglich, selber aktiv mitzugestalten,*
- *ja sogar als einen Teil des eigenen Lebenswandels zu begreifen.*

Wer in den Mitarbeitern die Fähigkeit entwikkeln will, Freude am Wandel zu gewinnen und selber den Wandel positiv zu beeinflussen, wird *mittelbar* Personalentwicklung als Beitrag zur Persönlichkeitsentfaltung verstehen müssen. Das heißt: Es geht bei der Personalentwicklung nicht darum, das Kollektivum „Personal" zu entwickeln. Im Gegenteil muß man sich bemühen, daß aus dem „Personal" möglichst viele Persönlichkeiten erwachsen.

Personalentwicklung meint jedoch keineswegs, daß das Unternehmen den Mitarbeitern gleichsam eine Persönlichkeit verleihen solle. Vielmehr sollen umgekehrt die Mitarbeiter ihre eigene und eigenständige Persönlichkeit entwikkeln und als Persönlichkeiten ihre Arbeitskraft dem Unternehmen zur Verfügung stellen.

Derart läßt sich das mittelbare Ziel der Personalentwicklung wie folgt umschreiben:

Personalentwicklung will dazu beitragen, daß die Mitarbeiter sich selbst zu Persönlichkeiten entwickeln und damit zu Menschen,
- *die erstens in sich stehen, in sich ruhen und darum charakterfest sind,*
- *die zweitens einerseits für Einflüsse empfänglich sind (ohne ihnen freilich zu erliegen), anderseits auf andere Einfluß nehmen können, und*
- *die drittens darum sich in der Öffentlichkeit sehen lassen können (selbst wenn sie nicht immer das Ansehen finden, das sie verdienen).*

(3) Der Ernstfall verantwortlicher Personalentwicklung ist die Pensionierung

Ob man es mit der Personalentwicklung ernst meint, zeigt sich bei der Pensionierung. Mehr und mehr kommt es zur Einsicht: Wenn Menschen bei uns ein Leben lang gearbeitet haben, sind wir ein Stück mitverantwortlich dafür, daß ihr Leben auch nach dem Berufsleben noch lebenswert ist. Spätestens jetzt entdeckt verantwortliche Mitarbeiterführung, daß die Mitarbeiter auch ihre Lebenspartner haben. Darum werden bei den Kursen zur Vorbereitung der Pensionierung auch diese eingeladen (warum eigentlich erst jetzt und so spät?)

Auch sind die pensionierten Mitarbeiter hellhörig genug, um den Unterschied zwischen *ehemaligen* und *pensionierten* Mitarbeitern herauszuhören.

☐ Wer von pensionierten Mitarbeitern spricht, denkt daran, daß sich die Pensionierten noch immer als Angehörige des Unternehmens betrachten sollen. Nur daß sie sich jetzt im Stand der Pensionierten befinden.

☐ Wer hingegen von ehemaligen Mitarbeitern redet, gibt damit zu bedenken, daß die Mitarbeiter zwar einstmals Mitarbeiter waren, es jetzt aber nicht mehr sind.

Ergebnis:
Unternehmensethik muß Folgen haben

Eine Landkarte ist gut. Doch die Landkarte ist noch nicht das Land. Ein Wegweiser ist nützlich. Doch der Wegweiser ist noch nicht der Weg. Ein Kompaß ist manchmal notwendig. Allein, der Kompaß ist noch nicht der magnetische Nordpol.

Kurzum: Was wir tun sollten, ist uns häufig klar. Wenigstens theoretisch und einigermaßen. Was uns mangelt, ist die Ausführung, der Entschluß zum ersten Schritt und der Mut, selbst dann weiterzugehen, wenn Hindernisse kommen.

Ohne die Praxis bleibt die Unternehmensethik gegenstandslos. Mehr noch: Sie gerät mehr und mehr auch in ein Theoriedefizit. Die Alten wußten: „Age - et videbis. Handle; und indem du handelst, lernst du zugleich, wie man handeln soll.“

Noch einmal: Wir haben in der Unternehmensethik gegenwärtig wohl einen Theorieüberschuß und ein Praxisdefizit. Daher die Frage: Wie soll es weitergehen?

Die Schlußfrage:

Wie soll es mit der Unternehmensethik weitergehen?

Es soll mit der Unternehmensethik weitergehen, indem wir
- vertieft einsehen, daß wir als Menschen ein hohes Ethos, aber auch eine gründliche Ethik brauchen,
- dadurch die Überzeugung gewinnen, daß uns auch eine gründliche Unternehmensethik nottut,
- mithelfen, daß der sich gelehrt weiterentwickelnden universitären Unternehmensethik der notwendige Praxisbezug nicht mangelt.

Wir brauchen ein hohes Ethos und eine grundlegende Ethik

Hoffentlich haben wir zwei Einsichten gewonnen:

Wir brauchen ein hohes Ethos

Instinktarm und antriebsüberschüssig, wie wir Menschen nun einmal sind, brauchen wir, um überhaupt überleben zu können, gute Gewohnheiten (und damit ein hohes Ethos). Sie erleichtern uns, im (auch schwierigen) Einzelfall die richtige Entscheidung zu treffen. Denn gelernt ist gelernt. Jung gewohnt, alt getan.

(Um Mißverständnissen vorzubeugen: Das heißt keineswegs, Hans könne sich mit dem begnügen, was er als Hänschen gelernt hat. Im Gegenteil muß Hänschen so lernen, daß er Freude daran hat und darum auch fähig ist, ein Leben lang weiterzulernen.)

Wir brauchen eine gründliche Ethik

Auf unseren Verstand angewiesen, können wir Menschen uns nicht mit bloßen Gewohnheiten und Konventionen begnügen. Vielmehr müssen wir uns verständigerweise immer wieder neu fragen, ob, was wir jung gelernt und uns angewöhnt haben, auch heute noch - unter vielfach gewandelten Verhältnissen - lebens- und menschendienlich ist.

Mit solchen (selbst)kritischen Fragen bewegen wir uns bereits auf die Ethik hin. Denn sie ist die kritische Theorie der alltäglich gelebten Gewohnheiten und Konventionen.

Ohne Zweifel bedürfen wir, um heute und morgen überleben zu können, einer solchen kritischen Theorie. Sie muß einerseits mit wissenschaftlicher Gründlichkeit vorangetrieben, andererseits so vermittelt werden, daß sie das praktische Verhalten wirksam zu beeinflussen vermag.

Wir müssen die Überzeugung gewinnen, daß wir auch eine Unternehmensethik benötigen.

Als leibhafte Wesen bedürfen wir des Lebensunterhaltes, den wir uns erwirtschaften müssen. Insofern ist - zum ersten - allein schon das *Wirtschaften* (als „haushälterisches" Erstellen, Verwenden und Entsorgen wirtschaftlich knapper und vielseitig verwendbarer Güter) ein Überlebensfaktor. Nun werden aber diese wirtschaftlichen Güter einerseits immer knapper, anderseits immer vielfältiger verwendbar.

Daher brauchen wir - zum zweiten - eine Wissenschaft, die uns aufzeigt, was wir unternehmen müssen, um auf bestmögliche Weise zu wirtschaften.

Das heißt: Wir brauchen eine *Wissenschaft der Wirtschaft und des Unternehmens*. Eine solche Wissenschaft kommt indes nicht an der Frage nach dem Menschen vorbei, der auf Wirtschaft angewiesen ist und unternehmerisch tätig sein muß, wenn er überleben will.

Das heißt: Wir brauchen - zum dritten - auch eine Wirtschafts- und Unternehmens*ethik* als eine kritische Theorie darüber, wie der Mensch unternehmerisch tätig sein soll, damit er und seine Nachkommen nicht nur notdürftig, sondern menschenwürdig zu leben vermögen.

Diese *Unternehmensethik* ist - zum vierten - einerseits die kritische Theorie des gelebten unternehmerischen Ethos. Sie setzt also das unternehmerische Ethos voraus, stellt es kritisch in Frage und versucht es tiefer zu begründen.

Andererseits hat die Unternehmensethik darüber nachzudenken, wie die Wirtschaft und die unternehmerische Tätigkeit selbst dann noch lebens- und menschendienlich ist, wenn nicht alle Unternehmer sich von einem hohen unternehmerischen Ethos leiten lassen. Im Blick auf solche Unternehmer, muß die Unternehmensethik Wege und Schritte aufzeigen, die ein ethisch einwandfreies unternehmerisches Verhalten auch (ökonomisch) zum Erfolg und ein ethisch nicht einwandfreies Verhalten (ökonomisch) zum Mißerfolg führen.

Mit andern Worten: Nicht die letzte Aufgabe der Unternehmensethik besteht darin, ein ethisch einwandfreies Verhalten als Überlebensfaktor nicht nur der Menschheit, sondern auch des einzelnen Unternehmens deutlich zu machen. So wichtig nämlich ein möglichst hohes Ethos möglichst vieler Unternehmer ist, so wenig darf das ethisch einwandfreie Verhalten *allein* von diesem Ethos abhängig gemacht werden. So wichtig ethische Appelle im persönlichen Umfeld sind, so wenig können sie für ein kollektives weltweites Verhalten ausreichen. Gerade darum muß die wirtschaftliche Nützlichkeit eines ethisch einwandfreien Verhaltens gemeinsam erarbeitet werden. Die Unternehmensethik soll und kann zu dieser weltweiten Aufgabe wirksam beitragen. (92)

Wir müssen mithelfen, daß die sich weiterentwickelnde universitäre Ethik der Praxis verbunden bleibt.

Der Bedarf an Unternehmensethik ist groß. Die Folge ist, daß an den Hochschulen noch mehr Lehrstühle für Wirtschafts- und Unternehmensethik errichtet werden. Wie anderswo droht auch hier die Gefahr des elfenbeinernen Turms. Die Gefahr besteht darin, daß die Unternehmensethik zum Gehäuse von Gelehrten wird, die - vereinzelt - vor sich hin denken und sich in ihren gelehrten Theorien verlieren.

Um dieser Gefahr zu begegnen, müssen nicht zuletzt die Unternehmerinnen und Unternehmer sich zu Worte melden. Sie müssen nicht nur unter sich - in allerhand Erfa-Gruppen, Qualitätszirkeln und Marketingclubs - ihre Fragen und Sorgen austauschen. Sie müssen auch die Wissenschaftler zur Rede stellen, damit die Wissenschaftler lernen, einerseits auf die Praxis Bezug zu nehmen, anderseits sich so klar und verständlich auszudrücken, daß auch jene mitdenken und mitreden können, deren Menschenverstand nicht über ein ausgeklügeltes wissenschaftliches Begriffssystem verfügt. Damit dies gelingt, bedarf es einerseits einer Selbstbescheidung der Wissenschaftler, aber auch der Zivilcourage der Unternehmerinnen und Unternehmer.

Ohne Zweifel: Die Unternehmer haben etwas zu sagen - nicht zuletzt jene, die in mittelständischen Unternehmungen tagtäglich nicht nur mit technischen, sondern auch mit menschlichen Fragen befaßt sind. Diesen Frauen und Männern, die mithelfen, daß die Unternehmensethik nicht in Lehrbüchern versickert, nicht in Zeitschriften versandet, sondern gelebt wird, schulden wir alle herzlichen Dank.

Zur Literatur

Die Veröffentlichungen zur Wirtschafts- und Unternehmensethik sind in den letzten Jahren so zahlreich geworden, daß sie kaum mehr überblickbar sind. Besonders hinzuweisen bleibt jedoch auf zwei klassische Autoren, auf einige Neuerscheinungen und auf die Spezialliteratur.

Klassische Autoren:

Arthur Rich, Wirtschaftsethik.
- Band I. Grundlagen in theologischer Perspektive (Gütersloh 1984) (abgekürzt Rich I).
- Band II. Marktwirtschaft, Planwirtschaft, Weltwirtschaft aus sozialethischer Sicht (Gütersloh 1990) (abgekürzt: Rich II).
Zu Rich vgl. Anmerkung 12.

Oswald von Nell-Breuning, Gerechtigkeit und Freiheit. Grundzüge katholischer Soziallehre (München 1985) (abgekürzt: von Nell-Breuning, Grundzüge).
Zu von Nell-Breuning vgl. Anmerkung 11.

Neuere Autoren

Aus der Sicht katholischer Sozialethik:

Friedhelm Hengsbach, Wirtschaftsethik. Aufbruch - Konflikte - Perspektiven (Freiburg i.Br. 1991) (abgekürzt: Hengsbach).- In seiner Klarheit, Les- und Verstehbarkeit ist das Büchlein als Einführung besonders zu empfehlen.

Franz Furger, Moral oder Kapital? Grundlagen der Wirtschaftsethik (Zürich 1992) (abgekürzt: Furger).- Furger gibt einen umfassenden Überblick, ist indes umständlich geschrieben und weniger gut les- und verstehbar.

Wilhelm Korff, Orientierungslinien einer Wirtschaftsethik: Gerfried W.Hunold/Wilhelm Korff (Hrsg.) Die Welt für morgen. Ethische Herausforderungen im Anspruch der Zukunft (München 1986) 67-80.

Aus der Sicht evangelischer Sozialethik:

Werner Lachmann, Maßstäbe wirtschaftlichen Handelns. (Neuhausen-Stuttgart 19892) (abgekürzt: Lachmann).- Leicht verständlich, ausgewogen im Urteil und informativ.

Helmut Kaiser, Theologische Wirtschaftsethik. Das Modell einer ethischen Integration ökonomischer Rationalität.- Die Arbeit ist als Habilitation der evangelisch-theologischen Fakultät an der Universität Zürich 1991 vorgelegt worden. Ihre baldige Drucklegung ist sehr zu wünschen.- Vgl. Anm.35.

Yorik Spiegel, Wirtschaftsethik und Wirtschaftspraxis - ein wachsender Widerspruch? (Stuttgart 1992). Spiegel erörtert „Wirtschaftsethik und Wirtschaftspraxis im Rahmen einer nationalen Ökonomie". Er zeigt die Probleme der sozialen Marktwirtschaft auf der nationalen Ebene auf. Deshalb ist das Werk eher zur Spezialliteratur zu rechnen.

Aus der Sicht mittelständischer Unternehmen:

Arbeitsgemeinschaft Selbständiger Unternehmer e.V. (ASU), Ethik und Marktwirtschaft. Positionen und Argumente. Vierte überarbeitete und aktualisierte Auflage (Bonn 1991). - Die Broschüre ist das Arbeitsergebnis des Ausschusses „Ethik und Marktwirtschaft".- Lesbar und verständlich, kurz und bündig, sowie praxisbezogen, eignet sich die Broschüre besonders gut als Einführung (abgekürzt: EuM).

Zum Verhältnis von Wirtschaft und Kirchen vgl. die folgende Bemerkung: „Daß der konstruktive Dialog zwischen Unternehmern und Theologen auf evangelischer Seite nötig ist, zeigt eine empirische Untersuchung, nach der die katholischen Pfarrer der Marktwirtschaft näher stehen als evangelische Pastoren (EuM) (37)."

In der Schweiz gibt es einen „Gesprächskreis Kirche-Wirtschaft".- Publikationen des Gesprächskreises: Kirche und wirtschaftliche Unternehmen im internationalen Spannungsfeld (Zürich 1983).- Ethische Leitgedanken zur Anwendung der Gentechnologie im industriellen Umfeld (Zürich 1989).- Außerdem existiert eine interkonfessionelle Informationsstelle „Glaube + Wirtschaft". Letzte Publikation: Christlicher Lebensstil und Umwelt. Verkehr und Umwelt (Freiburg/ Schweiz 1992).

Aus der Sicht der Wirtschaftswissenschaften:

Karl Homann/F.Blome-Drees, Wirtschafts- und Unternehmensethik (Göttingen 1992).- Vgl. Anm.35.

Spezialliteratur

Alfred Kieser, Gerhard Reber, Rolf Wunderer (Hrsg.) Handwörterbuch der Führung (Stuttgart 1987). – Das Lexikon ist ein unentbehrliches Arbeitsinstrument. Die einzelnen Artikel sind unterschiedlich verstehbar und unterschiedlich praxisbezogen (abgekürzt: HdF).

Alfred Klose, Unternehmerethik (Linz 1988).

Wolfgang Marhold und Michael Schibilsky (Hrsg.) Ethik, Wirtschaft, Kirche. Verantwortung in der Industriegesellschaft. Festschrift für Karl Wilhelm Dahm zum 60.Geburtstag (Düsseldorf 1991).

Die *Zeitschrift für Evangelische Ethik* (Studien, Kommentare, Dokumente) bringt laufend die Neuerscheinungen auch zur Wirtschafts- und Unternehmensethik (abgekürzt: ZEvE).

Anmerkungen

1 Vgl. *Hermann Paul*, Deutsches Wörterbuch (Tübingen 1992) 814. - *Duden,* Band 7. Das Herkunftswörterbuch. Etymologie der deutschen Sprache (Mannheim 1989) 683.

2 Ein früher Zeuge der aufkommenden Wirtschaftsethik ist *Ernst H. Plesser.* In seinem Buch „Leben zwischen Wille und Wirklichkeit (Düsseldorf 1977) kommt er auch auf die Wirtschaftsethik zu sprechen. Die Schweizerische Handelszeitung bringt (am 15.9.1977) einen Auszug unter der Überschrift: „Wirtschaftsethik: Eine Sache nur für Pfarrer? Wenn aus Sparsamkeit Geiz, aus Einsatz Ausbeutung, aus Taktik Verschlagenheit und aus Gewinnstreben Raffgier wird."- Inzwischen ist von Wirtschaftsethik allerorten die Rede. Ein einziger Beleg möge für ungezählt andere stehen:
„Über Unternehmensethik zu sprechen, ist offensichtlich wieder einmal ebenso modern wie auch modisch. Die Fülle an Veranstaltungen, Vorträgen und Veröffentlichungen, aber auch Erklärungen aus den Chefetagen der Wirtschaft in den letzten Jahren macht dies überdeutlich: Kein Wirtschaftsteil einer Zeitung, die etwas auf sich hält, mag mehr ohne Ethik-Serie auskommen; Institute entstehen, die sich mit nichts anderem als Ethik und Managementausbildung beschäftigen. Es werden Lehrstühle für Wirtschaftsethik gegründet und finanziert, was, wie jeder wissenschaftspolitisch Interessierte weiß, bei der Unbeweglichkeit und Innovationsarmut unseres Universitätssystems schon auf einen fortgeschrittenen Reifegrad schließen läßt (*Meinolf Dierkes* und *Klaus Zimmermann* (Hrsg.) Ethik und Geschäft. Dimensionen und Grenzen unternehmerischer Verantwortung (Frankfurt a.M. 1991) 17)." Die beiden Herausgeber steuern selber das erste Kapitel bei: „Unternehmensethik: Mehr Schein als Sein?". Sie geben darin eine treffliche Darstellung der Problemsituation.
Zur weiteren Ergründung vgl. vor allem *Georges Enderle*, Wirtschaftsethik im Werden. Ansätze und Problembereich der Wirtschaftsethik. Akademie der Diözese Rottenburg/ Stuttgart (Stuttgart 1988) 13-15. - *Friedhelm Hengsbach*, Wirtschaftsethik. Aufbruch - Konflikte - Perspektiven (Freiburg i.Br. 1991). - Darin: Aufbruch der wirtschaftsethischen Diskussion (16-19). - *Peter Ulrich/Ulrich Thielemann*, Ethik und Erfolg. Unternehmensethische Denkmuster von Füh-

rungskräften - eine empirische Studie (Bern 1992) 5; 11. - *Hans May*, Die neue Welle Wirtschaftsethik - aus der Sicht der Evangelischen Akademien: Zeitschrift für Evangelische Ethik 33 (1989) 283-295. -
Besonders aufschlußreich sind *Karl-Wilhelm Dahm*, Unternehmensbezogene Ethikvermittlung. Literaturbericht: Zur neueren Entwicklung der Wirtschaftsethik: Zeitschrift für Evangelische Ethik 33 (1989) 121-147. - *Joachim Wiemeyer*, Renaissance der Wirtschaftsethik: Theologische Revue 85 (1989) 89-100.

3 Vgl. dazu unten Seite 83.

4 Vgl. dazu *Albert Ziegler*, Unternehmensethik - schöne Worte oder dringende Notwendigkeit? (St.Gallen 1987) 2. - *Hengsbach* (Anm.2) 35-76. - Zur Unternehmenskultur vgl. *Johannes Rüegg*, Unternehmensentwicklung im Spannungsfeld von Komplexität und Ethik (Bern 1989). - Darin: „Zur Aktualität des Themas 'Unternehmenskultur'" (428).

5 Vgl. *Paul* (Anm.1) 494. - Duden (Anm.1) 393. - *Walter Brugger*, Philosophisches Wörterbuch (Freiburg i.Br. 1981) 202f. - *Rüegg* (Anm.4) 429-478.

6 *Georges Enderle*, Wirtschaftsethik als angewandte Ethik: Wirtschaft und Recht (1987) 116.

7 *Christine Barraud/Alois Steiner*, Kriens. Von den Anfängen bis zur Gegenwart (Kriens 1983) 250f. - Vgl. dazu auch *Friedrich Beutter*, Selbstverwirklichung, Nächstenliebe, Mitmenschlichkeit. Personalethische Aspekte im Wirtschaftsprozeß: Günter Baadte/Anton Rauscher (Hrsg. Wirtschaft und Ethik (Graz 1991) 113.

8 *Andreas Leuzinger/Thomas Luterbacher*, Mitarbeiterführung im Krankenhaus 3 (Bern 1987) 17. - Als vergnügliches Beispiel einer früheren Unternehmenskultur in einer politisch und wirtschaftlich schwierigen Zeit vgl. *Mathias Ludwig Schroeder*, Der lachende Hammer. Eulenspiegeleien, die nicht erfunden sind (Freiburg i.Br. 1936). - Das Büchlein verdiente ohne Zweifel eine Neuauflage.

9 Vgl. dazu auch *Heinz Fischer*, Die Vorbildfunktion der Führungskraft: AOK. Managementkongreß (Kiel 1987) 92-99.

10 Vgl. dazu auch *Armin Seiler*, Marketing. Erfolgreiche Umsetzung in die Praxis (Zürich 1992) 551. - *Jean-Paul Thommen*, Ethik für Manager? GDI-Impuls 6 (1988) 51-52. Ganz allgemein gilt: Leitbilder sind Bilder der Welt oder eines bestimmten Ausschnittes aus der Welt. Sie zeichnen „in mehr oder weniger groben Pinselstrichen Muster, die
- die prinzipiell unbegrenzte Komplexität der Welt reduzieren;
- handlungsanleitend wie handlungskoordinierend wirken;
- gruppenspezifisch oder gesamtgesellschaftlich verfügbar sind;
- der Selbstidentifikation der Subjekte dienen (*Kurt Imhof, Gaetano Romano*, Bilder und Leitbilder im sozialen Wandel: Ein- und Überblicke, Schweizerisches Sozialarchiv (Hrsg.) Bilder und Leitbilder im sozialen Wandel (Zürich 1991) 19)." - Vgl. auch *Knut Bleicher*, Leitbilder. Orientierungsrahmen für eine integrative Management-Philosphie (Zürich 1992).

11 Vgl. *Heribert Klein* (Hrsg.) *Oswald von Nell-Breuning*, Unbeugsam für den Menschen. Lebensbild. Begegnungen. Ausgewählte Texte (Freiburg i.Br. 1989). -
Oswald von Nell-Breuning zu Ehren: Canisius. Mitteilungen der Jesuiten 1 (1990). - Für unseren Zusammenhang vor allem: *Oswald von Nell-Breuning*, Gerechtigkeit und Freiheit. Grundzüge katholischer Soziallehre (München 1985). - Noch immer ist bedeutsam, was *von Nell-Breuning* schon kurz nach dem Zweiten Weltkrieg zur „Wirtschaftsethik" geschrieben hat. In ihrer Kürze, Klarheit und Verständlichkeit sind seine Ausführungen noch heute gültig (Oswald von Nell-Breuning/Hermann Sacher (Hrsg.) Zur Wirtschaftsordnung (Freiburg i.Br.19583) 271-279).

12 *Arthur Rich*, Wirtschaftsethik II (1990) 13. - Vgl. *Theodor Strom*, Arthur Richs Bedeutung für die Wirtschafts- und Sozialethik: Zeitschrift für Evangelische Ethik 34 (1990) 192-197. - Während der Drucklegung dieser Arbeit ist - am 25.Juli 1992 - *Prof. Dr. Arthur Rich* gestorben. So kann ich ihm dieses Büchlein nicht mehr schenken. Sein ausgewogenes, aber kritisches Urteil wird mir ebenso fehlen wie seine väterliche Freundschaft. Es bleibt uns der Dank und die Aufgabe, in seinem Geiste unentwegt weiter zu arbeiten, damit die Wirtschaft menschlicher werde.

13 Vgl. dazu vor allem *Georges Enderle* (Hrsg.) Ethik und Wirtschaftswissenschaften (Berlin 1985). - *Helmut Hesse* (Hrsg.) Wirtschaftswissenschaft und Ethik (Berlin 1988).

14 Vgl. *Horst Steinmann/Albert Löhr* (Hrsg.) Unternehmensethik (Stuttgart 1989). - Die Herausgeber legen dem Aufsatzband „den folgenden Begriff von Unternehmensethik" zugrunde: „Unternehmensethik umfaßt alle durch dialogische Verständigung mit den Betroffenen begründeten bzw. begründbaren materialen und prozessualen Normen, die von einer Unternehmung zum Zwecke der Selbstbindung verbindlich in Kraft gesetzt werden, um die konfliktrevelanten Auswirkungen des Gewinnprinzips bei der Steuerung der konkreten Unternehmensaktivitäten zu begrenzen (10)."
Der dargelegte „Begriff von Unternehmensethik" ist nicht nur reichlich kompliziert. Er ist auch logisch falsch gebildet. Er umschreibt nämlich nicht die Unternehmensethik selbst (Begriffsinhalt). Er umschreibt lediglich den Begriffs*umfang* („Unternehmensethik *umfaßt* . . .").
Nicht ohne Grund versteht *Peter Ulrich* seine Ausführungen „als kritische Anmerkungen zum wissenschaftsprogrammatischen Rahmen der Unternehmensethik, wie er von den Herausgebern dieses Bandes vorgeschlagen wird (180)."
Ungeachtet der universitären Schwierigkeiten läßt sich Ethik auch praktisch vermitteln. Vgl. dazu *Karl-Wilhelm Dahm*, Auf drei Stufen zum Guten: Ethik in der Praxis von Manager-Seminaren (Evangelische Kommentare 23 (1990), 74-78).

15 „*Die* Unternehmensethik wird es so wenig geben wie *die* universal anerkannte Ethik überhaupt. Ein Pluralismus von Ansätzen erscheint gegenwärtig notwendig oder unvermeidlich (*Ulrich* (Anm.14) 180). -
Als erste Einführung in die Ethik kommen in Frage: *Annemarie Pieper*, Ethik und Moral. Eine Einführung in die praktische Philosophie (München 1985). - *Friedo Ricken*, Allgemeine Ethik (Stuttgart 1990). - In den „Vorfragen" (15-67) bietet Rich eine ausgezeichnete, leicht verständliche Einführung in die ethischen Grundfragen (*Arthur Rich*, Wirtschaftsethik. Grundlagen in theologischer Perspektive (Gütersloh 1984).
Als Einführung in eine theologische Ethik empfehlen sich *Helmut Weber*, Allgemeine Moraltheologie (Graz 1991). - *Trutz Rendtorff*, Ethik. Grundelemente, Methodologie und Konkretionen einer ethischen Theologie. Band 1 (Stuttgart 1990²). Band 2 (Stuttgart 1981). - *Johannes Gründel* (Hrsg. Leben aus christlicher Verantwortung. Ein Grundkurs der Moral. Band 1. Grundlegungen (Düsseldorf 1991). - Band 2. Schöpfung - *Wirtschaft* - Gesellschaft

- Kultur (Düsseldorf 1992). - Band 3. Partnerschaft - Ehe - Familie - leibliches Leben - Kirche (Düsseldorf 1992).

16 Vgl. *Georges Enderle*, Ethik und wirtschaftliche Leistung - Maßstäbe des unternehmerischen Handelns: Verantwortung - Leitbild unserer Wirtschaft. Referate und Presseberichte von der 40. Öffentlichen Wintertagung der Vereinigung für freies Unternehmertum vom 23. - 26. 1. 1992 in Engelberg (Schaffhausen 1992) 15.

17 *Enderle* (Anm.16) 11. - Wenn Verantwortung zu einem Schlüsselbegriff der Ethik geworden ist (oder - vielleicht unter einer anderen Begrifflichkeit - immer schon war), dann bedeutet dies, daß „Verantwortung" das Tor zur Ethik (als Schlüssel) „aufschließt". Insofern ist die Frage bei *Ulrich/Thielemann* (Anm.2): „Was heißt ‚ethische Verantwortung'? (17)" mißverständlich. Es gibt weder eine unethische noch eine vorethische Verantwortung.
Nur sehr abgeschwächt läßt sich „verantwortlich" im Sinne lediglich von „zuständig" verwenden. Vgl. Londoner Arbeitsordnung S. 39 (1).

18 *Walter Schulz*, Philosophie in der veränderten Welt (Pfullingen 1972) 631. - Vgl. *Ulrich/Thielemann* (Anm.2) 17.

19 Enderle (Anm.16) 11.
Im Hintergrund der heutigen Diskussion um die Verantwortung steht *Hans Jonas*, Das Prinzip Verantwortung - Versuch einer Ethik für die technologische Zivilisation (Frankfurt 1979). Vgl. dazu *Wolfgang Erich Müller*, Zur Problematik des Verantwortungsbegriffes bei Hans Jonas: Zeitschrift für Evangelische Ethik 33 (1989) 204-216. *Josef Römelt*, Theologie der Verantwortung. Zur theologischen Auseinandersetzung mit einem philosophischen Prinzip (Innsbruck 1991). - *Adrian Holderegger*, Verantwortung: Jean-Pierre Wils/Dietmar Mieth, Grundbegriffe der christlichen Ethik (Paderborn 1991) 199-208. - *Heinrich W. Bette* (Hrsg.) Ohne mich . . . Der Mensch im Spannungsfeld seiner Verantwortung (Freiburg i.Br.1991). - Darin *Regine Kather*, Vom Umgang mit der Natur und mit Menschen. Perspektiven der Verantwortung (10-28). - Karl Homann, Wirtschaft und Verantwortung. Die kollektive Verantwortung der einzelnen (29-45).

Für die Verantwortung in der Wirtschaft vgl. Anm.16. - Dazu *Ulrich Steger* (Hrsg.) Unternehmensethik (Frankfurt a.M. 1992). Die Autoren diskutieren „über die Frage, ob das ‚Prinzip Verantwortung' (H. Jonas) ein solches Prinzip mittlerer Reichweite sein könnte (7). Insofern ist der Buchtitel „Unternehmensethik" nicht sonderlich gut gewählt.

20 Vgl. dazu *Ulrich/Thielemann* (Anm.2). Darin: „Worin besteht das unternehmensethische Verantwortungsproblem?" (17-21). - Vgl. *Maximilian Forschner*, Erfolg: Otfried Höffe (Hrsg.) Lexikon der Ethik (München 1986) 51-52.

21 „Eine Totalverantwortung für alle voraussehbaren Folgen würde menschliches Handeln objektiv überfordern (gerade in einer Zeit wachsender Interdependenz des Weltgeschehens und weltweiter Information müssen wir die Augen verschließen dürfen vor einer Unzahl alternativer Handlungsmöglichkeiten, um überhaupt handeln zu können; die Nebenwirkungen völlig dem Verantwortungsbereich zu entziehen, führte zu einer problematischer Überbetonung subjektiver Intention (*Forschner* (Anm.20) 51)."

22 *Ulrich/Thielemann* (Anm.2) 17.

23 So vertritt *Jean-Paul Thommen* die Ansicht: „Ob eine Unternehmung ethisch handelt oder nicht, bestimmt die Gesellschaft oder Teile dieser Gesellschaft, wobei den Medien eine nicht unbedeutende Stellung zukommt ((Anm.10) 46)." - Sollte dies voll und ganz zutreffen, wird der sogenannte TV-Test zur obersten ethischen Norm: „Ein Manager sollte immer die Frage stellen, ob er sich wohl fühlen würde, wenn er seine Entscheidungen und Handlungen im Fernsehen begründen müßte (46)." Damit sei keineswegs bestritten, daß der TV-Test eine Leitlinie ethischen Handelns sein kann. Nur darf sie nicht zum obersten Grundsatz werden.
Zur Frage der Öffentlichkeit und der Aufgabe der Medien vgl. *Hans Bausch/Albert Auer/Günter Virt*, Zur Ethik der Informationsmedien: Anselm Hertz u.a. (Hrsg.) Handbuch der christlichen Ethik 3 (Freiburg i.Br. 1982) 531-556. - *Hansjörg Abt*, Der Unternehmer im Fegfeuer der Medienkritik: Verantwortung, Leitbild unserer Wirtschaft (Anm. 16) 53-68. - *Alois Rommel*, Die Theologen haben die Journalisten vergessen. Eine Anfrage bei den Moraltheologen: *Gerfried W. Hunold/Wilhelm Korff* (Hrsg.). Die Welt für morgen. Ethische Herausforderungen im

Anspruch der Zukunft (München 1986) 306-313. - *Adrian Holderegger* (Hrsg.) Ethik der Medienkommunikation. Grundlagen (Freiburg i.Ü. 1992).

24 Vgl. *Ludger Honnefelder*, Gewissen und Verantwortung: Hertz (Anm. 23) 19-43. - *Weber* (Anm.15) 171-215. - *Rendtorff* (Anm.15) 145-150.
Zur ethischen Verpflichtung vgl.auch *Walter Brugger*, Summe einer philosophischen Gotteslehre (München 1979) 165-178.
Mit Recht sagt *Arthur Schöpf*: „Unter Gewissen verstehen wir ein Selbstverständnis des Menschen, indem er sich dem (unbedingten) Anspruch unterstellt weiß, das Gute zu tun. Während er in der sittlichen Handlung auf Dinge und Mitmenschen hin orientiert ist, ist er im Gewissen bei sich. Diese Innerlichkeit des Erlebens begründet Individualität und Identität der Person (*Arthur Schöpf*, Gewissen: Otfried Höffe (Hrsg.) Lexikon der Ethik (München 1986) 67)."- Dieses Selbstverständnis des Menschen hat die Ethik zu bedenken. Vgl. dazu *Dietmar Mieth*, Gewissen: Wilfs/Mieth (19) 225-242.

25 Solche Überlegungen könnten zu folgender Umschreibung des Gewissens führen:
Das Gewissen ist jene (als innere Stimme deutbare) Selbsterfahrung des Menschen,
- die ihm sagt, was gut und was böse ist,
- die ihn auf das Gute verpflichtet und ihm das Böse verbietet,
- die ihn nach dem Tun des Guten frei-, nach dem Tun des Bösen schuldig spricht,
- die ihn - um des verpflichtenden Guten willen - auffordert, das sachlich und menschlich Richtige zu suchen und zu tun.

26 Vgl. *Forschner* (Anm.20). -

27 *Wilhelm Korff*, Wie kann der Mensch glücken? Perspektiven der Ethik (München 1985) 9. - Auch *Rendtorff* beschließt seine Ethik mit einem Abschnitt: „Das Gute und das Heil. Vom Gelingen des Lebens. Ethik. Band 2 (Anm.15) 180-182. Die Unternehmer fragen: „Ist es unmoralisch, glücklich zu sein?" (EuM 22).

28 Nicht ohne Grund schreibt *Weber* (Anm.15): „Mit den Fragen zu Schuld und Sünde steht ein Thema an, bei dem sich zur Zeit ein geradezu epochaler Wandel zu vollziehen

scheint. Aus einem Spitzenthema droht ein Nicht-Thema zu werden. Die Vorstellung, daß Menschen schuldig werden, verdunstet offenbar immer mehr. Zumal der in der Moraltheologie bis vor kurzem noch geradezu zentrale Begriff der Sünde erscheint heute nicht wenigen wie ein exotisches Relikt aus der Zeit des Mittelalters und der Sünder hat für sie nicht selten den Realitätsgehalt eines Gespenstes aus einem englischen Schloß (Die negative Antwort auf den sittlichen Anspruch) (256)."

Gion Condrau/Franz Böckle, Schuld und Sünde: Franz Böckle u.a. (Hrsg.) Christlicher Glaube in moderner Gesellschaft 12 (Freiburg i.Br.1981) 92-135. - Zur ersten Information vgl. *Wilhelm Vossenkuhl* Schuld: Otfried Höffe (Hrsg.) Lexikon der Ethik (München 1985) 215-127. - *Raimund M. Luschin*, Schuld: Hans Rotter/Günter Virt (Hrsg.) Neues Lexikon der christlichen Moral (Innsbruck 1990) 666-671.

Kerber hat jedenfalls recht: „Die Aufgabe der Ethik, auch der Wirtschaftsethik, erschöpft sich nicht darin, nur ideale Zielvorstellungen sittlichen Verhaltens für eine ‚heile Welt' zu umschreiben und zu begründen, sondern sie muß auch vorläufige und vielleicht unscharfe und problematische, aber unmittelbar beobachtbare Normen angeben, die im Sinne eines Kompromisses von den Menschen auch dann noch einghalten werden können, wenn sich die andern nicht im Sinne des ‚eigentlich richtigen' Idealzustandes verhalten." In diesem Sinne geht es immer auch um eine „Ethik in einer sündigen Welt", und zwar „im Hinblick auf die Normen, die für ein Wirtschaftsunternehmen als solches und für die darin Verantwortung Tragenden verbindlich gemacht werden können (*Walter Kerber*, Sittlich handeln unter dem Druck ökonomischer Sachzwänge: Helmut Hesse (Hrsg.) Wirtschaftswissenschaft und Ethik (Berlin 1988) 243; 244)."

29 Vgl. *Hans Kramer*, Ethische Anforderungen an die moderne Medizin: Stimmen der Zeit 114 (1989) 107f. - *Hans Kramer,* integrative Ethik (Frankfurt a. M. 1992).

30 Vgl. *Helen Schüngel-Straumann*, Der Dekalog - Gottes Gebote? (Stuttgart 1973).

Jean-Paul Thommen (Anm.10) erwähnt neben Kants Kategorischen Imperativ und dem TV-Test auch den Gedanken der „Expertenethik" mit der entsprechenden Norm „Unternimm nur Handlungen, welche von einem nicht von diesen Handlungen betroffenen Experten-Team als korrekt bezeichnet würden (46)."

31 *Enderle* (Anm.6) 12. - Dazu Weber (Anm.15) 133.

32 Vgl. *Weber* (Anm.15) 320-338 (Die gute Haltung - das Thema der Tugend). - Zu den Vier Kardinaltugenden im besonderen: *Josef Pieper*, Das Viergespann: Klugheit, Gerechtigkeit, Tapferkeit, Maß (München 1964). Ausdrücklich wird gesagt: „Auch für die unternehmerische Tätigkeit gelten in diesem Zusammenhang die alten Kardinaltugenden. Auf die unternehmerische Situation abgewandelt: Die richtige Selbstorganisation im Dienst des Unternehmens (‚Selbstbeherrschung', ‚Zucht und Maß'); die Bewahrung von Fassung und Spannkraft bei Rückschlägen (‚Tapferkeit'), die Bindung an Spielregeln gegenüber Mitarbeitern, Kunden usw. (‚Gerechtigkeit'), das situationsgerechte, wohlkalkulierte Handeln (‚Klugheit') (EuM 42)."

33 Vgl. beispielsweise *Dietmar Mieth*, Die neuen Tugenden. Ein ethischer Entwurf (Düsseldorf 1984). - *Heinrich Klomps* Tugenden des modernen Menschen (Augsburg 1969). - *Otto Betz* (Hrsg.) Tugenden für heute (Augsburg 1973). - *Plasch Spescha*, Mündiges Christsein (Freiburg/Schweiz 1992). - Darin das Kapitel: „Unterwegs zu neuen Tugenden" (107-123). - *Jean-Pierre Wils/Dietmar Mieth*, Tugend: Wils/Mieth (Anm.19) 182-198.

34 Vgl. dazu *Rich* (Anm.15) 41-67. - Ähnlich gliedert *Franz Furger*, Ethik der Lebensbereiche. Entscheidungshilfen (Freiburg i.Br. 1985).

35 Mit Recht schreibt *Karl Homann*: „Solange es darum ging, die Ausnutzung der Verletzbarkeiten kleiner überschaubarer Gruppen zu verhindern, konnte die Ethik als die Steuerung unmittelbar durch das Gewissen des Einzelnen setzen. In komplexen Gesellschaften mit anonymen Austauschbeziehungen ist das Gewissen mit dieser Aufgabe überfordert. Es werden zunehmend formalisierte Regelungen, Institutionen mit dieser Aufgabe betraut, und diese formalisierten Regelungen brauchen wegen der vielfältigen Dilemmastrukturen ein Sanktionspotential. (...) Die Umstellung von der Kleingruppenethik auf die Großgruppenethik, die wegen der außerordentlichen Produktivität großer komplexer Gesellschaften erforderlich ist, ist praktisch und theoretisch bis heute nur zum Teil gelungen (*Karl Homann*, Ökonomik und Ethik: Baadte/Rauscher (Anm.7). Wirtschaft und Ethik (Graz 1991) 26)."
Zu Homann vgl. auch *Hengsbach* (Anm.2) 47-52.

Zu bedenken bleibt ferner *Helmut Kaiser*, Von der „Brüderlichkeit zur Gerechtigkeitstheorie von John Rawls: Eine Vermittlung von Ethik und Wirtschaft: ZEvE 35 (1991) 248-267.

36 Vgl. weiter unten S. 156ff.

37 Vgl. dazu *Rich* (Anm.15) 16-19. - Zur allzu oberflächlichen Deutung der Grundgedanken des Sokrates bei *Rupert Lay* vgl. *Jörg Splett*, Die Wahrheit und das Gute. Sokrates und die Geburt der Metaphysik: Theologie und Philosophie 66 (1991) 222. - *Rupert Lay*, Manipulation durch Sprache (München 1977) 9. - *Rupert Lay*, Philosophie für Manager (Düsseldorf 1988) 17-20.

38 Das Wort des Paulus findet sich in einer Textvariante der Apostelgeschichte (Apg 9,6 var.). Zur Paulinischen Ethik vgl. *Weber* (Anm.15) 74-81. Dazu *Dietmar Mieth*, Theologie und Ethik/Das unterscheidend Christliche: Wils/Mieth (Anm.19) 209-224.

39 *Immanuel Kant*, Vorlesungen zur Logik. Akademieausgabe IX (Berlin 1968) 65. - Vgl. *Kant*, Kritik der reinen Vernunft A 805; B 833. Kant-Studienausgabe 2, 677. - Vgl. dazu *Albert Ziegler*, Unternehmensethik, (St. Gallen 1987) 11 (Anm.4).

40 Wer die Frage nach der Verpflichtung, die wir im Deutschen mit dem Wort *Sollen* umschreiben können, in der Ethik ausklammert, bekommt das der Ethik Eigentümliche noch nicht in den Blick. Hier liegt der Mangel einer sonst sehr anregenden Studie von *Guy Kirsch* über „Ethik und die Stabilität von Institutionen". Er zeigt sehr anschaulich, daß es in der Ethik um das Streben nach der „buona vita" geht. Allein er unterläßt es, den Verpflichtungscharakter dieses Strebens zu bedenken. Deshalb bleiben seine ethischen Überlegungen doch allzu sehr in einer bloßen Sozialtechnik (*Guy Kirsch*, Ethik und Stabilität von Institutionen: Dierkes/Zimmermann (Anm.2) 87-111.

41 *Peter Ulrich* unterstreicht dies deutlich: „Die Theorie hat es genau genommen wiederum mit Theorie, nämlich mit Alltags- oder ‚Praxistheorie' zu tun, das heißt mit den ‚cognitiven Landkarten' von Subjekten, die sich angesicht praktischer Herausforderung *im Denken* orientieren. Sie hat es, anders gesagt, mit Wesen zu tun, die sich nicht blindlings

verhalten, sondern mehr oder weniger reflektiert nach Maßgabe von Rationalitätstandard und guten Gründen *handeln*. Diese sind jedoch zumeist nicht voll bewußt und bleiben so kognitiv unerreicht (*Ulrich/Thielemann* (Anm.2) 14)."
Einfach gesagt: Ethik als wissenschaftliche Lehre denkt nicht nur über das *tatsächliche* alltägliche Verhalten der Menschen nach, sondern auch über deren - dem Verhalten zugrunde liegende - Alltags*theorie*.

42 Vgl. dazu die Leitbilder auf S.36ff.

43 Vgl. *Duden*. Band 9. Richtiges und gutes Deutsch. Wörterbuch der sprachlichen Zweifelsfälle (Mannheim 1985^{3}) 291.

44 Siehe weiter unten S.119ff.

45 *Kirsch* (Anm.40) 90.

46 *Werner Lachmann*, Wirtschaft und Ethik. Maßstäbe wirtschaftlichen Handelns (Neuhausen/Stuttgart 1989^{2}). - Ähnlich *Valentin Zsifkovits*, Wirtschaft mit Moral: Stimmen der Zeit 117 (172-182).

47 Vgl. *Homann* (Anm.35) 11.

48 Vgl. *Homann* (Anm.35) 14. - Homann meint sogar: „Die Ökonomik hat es nicht mit einem ‚Bereich der Wirtschaft' zu tun, sondern mit dem Gesamt des Seienden unter dem Aspekt der Knappheit, man könnte auch sagen: mit dem ‚Formalobjekt' Wirtschaft (14)." Die Gefahr einer so weit gefaßten Betrachtungsweise ist, daß man die Wirtschaft aus dem Auge verliert.
Ohne Zweifel kann ich das Seiende unter dem Gesichtswinkel der Knappheit betrachten. Man denke an eine Betrachtung der knappen Zeit. Eben darum muß man auch mit der Zeit „haushalten" und darf sie nicht „vergeuden". Nur ist man bei der knappen Zeit noch nicht bei dem, was man für gewöhnlich unter Wirtschaft begreift. Dies zeigt, wie schwer wir uns tun, allein schon den Begriff der Wirtschaft (und der wirtschaftlichen, nämlich knappen und vielseitig verwendbaren Güter) zu bestimmen. - Zum Begriff der Knappheit vgl. auch *Kaiser* (Anm.35) 248.

Zum Begriff der Wirtschaft besonders eindrücklich *von Nell-Breuning*, Gerechtigkeit und Freiheit (Anm.11). - Darin: Was ist Wirtschaft? 152ff.

49 Bei der theoretischen Auseinandersetzung spielt die wissenschaftliche Herkunft der Wirtschaftswissenschafter eine bedeutsame Rolle.
- Einige, wie Karl Homann, kommen von der Philosophie und haben sich in einem Zweitstudium der Volkswirtschaft zugewandt.
- Andere, wie Peter Ulrich, kommen von der Volkswirtschaft her und haben nachträglich - ebenfalls in einem Zweitstudium - sich mit der Philosophie beschäftigt.
- Noch einmal andere, wie Georges Enderle und Friedhelm Hengsbach, hatten bereits ein philosophisch-theologisches Grundstudium hinter sich, ehe sie sich - im Zweitstudium - den Wirtschaftswissenschaften zuwandten.

Zur unterschiedlichen Denkweise von Homann und Ulrich vgl. *Ingo Corneissen*, Das Kreuz mit der Moral: Managementwissen 9 (1991) 51.
Für die verschiedenen Typen der Wirtschaftsethik vgl. *Hengsbach* (Anm.2) 35-80.

50 Vgl. Anm.53.

51 Zum Begriff der Wirtschaft vgl. *Ziegler* (Anm.4) 15-25. - *Rich* II. Darin: „Was ist Wirtschaft? (44ff).

52 Einstmals hatte *Oswald von Nell-Breuning* das Grundproblem der Wirtschaft, wie folgt, beschrieben: „Das ‚Wirtschaftsproblem' ist folgendermaßen zu umschreiben:
- hinsichtlich der Befriedigung der den Menschen (kraft seiner Geist-Leib-Natur eigenen Bedürfnisse)
- im Hinblick auf die vielseitig verwendbaren, aber knappen Deckungsmittel
- eine Zielwahl und die dieser Zielwahl entsprechende Wahl der Mittel dergestalt zu treffen,
- daß eine kulturell werthafte Bedarfsgestaltung einerseits, die einwandfreie Deckung dieses Bedarfs andererseits dauernd und so viel wie möglich auf fortschreitend höherer Ebene zum Einklang kommen (von Nell-Breuning/Sacher (Anm.11) 11-12)."

Kürzer schreibt *Mahr*: „Unter Wirtschaft ist die Gesamtheit der Dispositionen über die verfügbaren Güter zum Zwecke einer möglichst weitgehenden Befriedigung der

Bedürfnisse zu verstehen (*Alexander Mahr*, Volkswirtschaftslehre (Wien 1959) 2). - Vgl. *Zsifkovits* (Anm.46).

53 Vgl. dazu die beiden Definitionen von *Zsifkovits* (Anm.46):
- *Ethik* ist eine systembegründete, von der Idee eines sinnvollen menschlichen Lebens geleitete Aussage über das gute, bzw. richtige Verhalten und Handeln unter der Achtung der entsprechenden Gesinnungen und mit Ausrichtung auf entsprechende Institutionen und Strukturen.
- *Wirtschaftsethik* ist eine systembegründete, von der Idee eines sinnvollen menschlichen Lebens geleitete offene Aussage bezüglich der Güte und Richtigkeit von Dispositionen über die verfügbaren Güter und Zwecke einer möglichst weitgehenden Befriedigung der Bedürfnisse, bzw. zum Zweck einer bestmöglichen Erreichung von Zielen, dies alles unter Beachtung der entsprechenden Gesinnung und mit Ausrichtung auf entsprechende Institutionen und Strukturen (173f).

54 Ein allgemein anerkannter Begriff der Unternehmensethik setzte das Nachdenken über die *Philosophie* des Unternehmens voraus. Vgl. dazu *Walter Kerber* (Anm.28) 244-248 („Eine Philosophie des Unternehmens").

55 Vgl. *Jean-Paul Thommen*, Managementorientierte Betriebswirtschaftslehre (Bern 1988) 34.

56 *Papst Johannes-Paul II.* Sozialenzyklika Centesiumus Annus. Vor neuen Herausforderungen der Menschheit. Mit einem Kommentar von *Walter Kerber* (Freiburg i.Br. 1991) Nr.35 (3); 78.

57 *Ludger Oeing-Hanhoff*, Bedürfnis - philosophisch; *I. Heinz Müller*, Bedürfnis - wirtschaftlich: Bedürfnis und Bedarf: Staatslexikon der Goerres-Gesellschaft. Band 1 (Freiburg i.Br.1985) 600-612; das Zitat 604. - Auch Papst *Johannes-Paul II.* geht ein auf „Bedürfnisse jenseits des Marktes" (Anm. 56) (Nr.34; 76).

58 Vgl. S. 38. - Vgl. auch *Johannes Reiter*, Die Grenzen der Grenzwerte: Umweltmagazin (1990) 33-35. - *Georges M. Füllgraff*, Die Rolle der Wirtschaft in der Risikogesellschaft - Umweltkrisen und „proaktives" Handeln: Dierkes/Zimmermann (Anm.2) 311-334. - *Hans Ruh*, Ethik und Risiko: ZEvE 34 (1990) 198-205.

59 Vgl. noch immer grundlegend *Alfons Auer*, Umweltethik. Ein theologischer Beitrag zur ökologischen Diskussion (Düsseldorf 1984). - *Bernhard Stöckle* (Hrsg.) Wörterbuch der ökologischen Ethik. Die Verantwortung des Christen für den Bestand der Schöpfung (Freiburg i.Br. 1986). - Auch die Schrift EuM (Anm.32) stellt die Frage: „Inwiefern gefährdet der Kapitalismus die natürliche Umwelt? (24). - *Thomas Dyllick*, Ökologisch bewußtes Management: Schweizerische Volksbank (Hrsg.) Die Orientierung 96 (Bern 1989).
Wilhelm Korff, Wirtschaft vor der Herausforderung der Umweltkrise: ZEvE 36 (1992) 163-174. - *Ernst U. von Weizsäcker*, Umweltbewußtes Unternehmertum - Wirtschaftsverträgliche Umweltpolitik: Thexis 9 (1992) 14-17. - *Stefan Fromm*, So richten Sie Ihr Unternehmer auf Umweltschutz aus: Management Zeitschrift 61 (1992) 67-69. - *Daniel Rufer/Hannes Dörler*, Ökologische Unternehmensentwicklung: ebd. 70-73. - *Hermann Alb*, *Hans Hartmann*, *René Huber*, *Barbara Schild*, Eine Brücke zwischen Ökonomie und Ökologie: Management Zeitschrift 61 (1992) 76-86.

60 Vgl. *Bernhard Wilpert*, Wertverfall oder Wertwandel? Die Bedeutung der Arbeit nimmt laufend ab: Management Zeitschrift 60 (1991) 64-66. - *Jürgen H. Lietz*, Vom Sinn und Segen der Arbeit: Management Zeitschrift 60 (1991) 78-80. - *David Seeber*, Veränderungen im Arbeitsethos? Das Arbeitsverhalten und seine widersprüchliche demoskopische Interpretation: Herder Korrespondenz 39 (1985) 82-86. - *Hans J. Münk*, Zur Selbstverwirklichung des Menschen in Arbeit und Freizeit. Eine Problemskizze auf dem Hintergrund heutiger Freizeitforschung: Konrad Hilpert (Hrsg.) Selbstverwirklichung. Chancen. Grenzen. Wege (Mainz 1987) 69-94. - *Klaus Bartels*, Bildung zur Muße - ein müßiges Lehren?: Schulblatt des Kantons Zürich (100) 1992) 98-108.
Alois Wolkinger, Arbeit. Last und Sinn (Freiburg/Schweiz 1982). - *Wilhelm Korff*, Wandlungen im Verständnis der Arbeit aus der Sicht der christlichen Soziallehre: Venanz Schubert (Hrsg.) Wissenschaft und Philosophie Band 3. - *Walter Kerber*, Arbeit und Arbeitslosigkeit: Gründel 2 (Anm.15) 70-81. - *Hermann Ringeling/Maja Svilar* (Hrsg.) Die Zukunft der Arbeit. Berner Universitätsschriften 34 (Bern 1987). - *Heinrich W. Bette* (Hrsg.) Arbeit - Luxus, Lebenselixier und Last. Der soziale und psychologische Bedeutungswandel der Arbeit (Freiburg i.Br. 1989). - *Gün-*

ter Brakelmann, Zur Arbeit geboren? Beiträge zu einer christlichen Arbeitsethik (Bochum 1988). - *Christian Lalive d'Epinay*. Die Schweizer und ihre Arbeit. Von Gewissheiten der Vergangenheit zu Fragen der Zukunft (Zürich 1991).

61 Vgl. *Friedemann W. Nerdinger*, Leistungsmotivation im Außendienst. Ergebnisse einer empirischen Untersuchung bei Verkäufern im Außendienst (München 1986). - Darin „Die verschiedenen Käufertypen nach ihrer Lebensorientierung" (89-123).

62 Nebelspalter (Rorschach 1986).

63 Vgl. S 130.

64 Vgl. *Rolf Wunderer*, Kooperative Führung: HdF 1289. - Ebenso schreibt *Bass*: „Es gibt fast so viele Definitionen der Führung mit Personen, die sich an einer Definition versucht haben (*Jan Marie Hosking*, Führungstheorien - Organisationsgeschick als Grundlage der Führung: HdF 846). - Vgl. 463; 577; 640; 846; 895.

65 *Rolf Wunderer/W.Grunwald*, Führungslehre. Band 1. Grundlage der Führung (Berlin 1980) 53. - *Lutz von Rosenstiel*, *Erika Regnet* und *Michael Domsch* (Hrsg.) Führung von Mitarbeitern. Handbuch für erfolgreiches Personalmanagement (Stuttgart 1991). - Für die Unterrichtung von Praktikern verfaßt, gibt das Handbuch einen umfassenden Überblick, dem der Praxisbezug nicht fehlt. Leicht verständlich, ist es besonders zu empfehlen. Wichtig ist, daß die Herausgeber bei der Menschenführung auch die „Führung der eigenen Person" nicht vergessen (67-96). - Vgl. darin besonders *Klaus Lefringhausen*, Brief zur Wirtschaftsethik 552-555. - *Franz Furger*, Führung in Betrieb und Unternehmung: Franz Furger, Weltgestaltung aus Glauben (Münster 1989) 160-163.
Vgl. im übrigen ähnlich Umschreibungen der Führung: „Führung ist die sozialpsychologische Verhaltensbeeinflussung von Individuen und Gruppen in Organisationen (*Karl-Friedrich Ackermann*: HdF 602."- „Führungsverhalten bezeichnet alle empirisch beobachtbaren Verhaltensweisen eines Führers, die dazu geeignet sind, Einstellungen und Verhalten anderer Menschen zielgerecht zu beeinflussen (*Edwin Rühli*: HdF 662)."

66 *Duden* (Anm.2) 209. – „Etymologisch bezeichnet Führer eine Person oder einen Gegenstand, der den Weg weist, wonach sich andere richten. Das Ausgangsbedeutung von Führen ist: ‚in Bewegung setzen'. ‚Seine eigentliche Bedeutung, die der von Leiten sinnverwandt ist, hat Führen erst innerhalb des Deutschen entwickelt. Dabei denken wir nicht mehr in erster Linie an das Hervorrufen einer Bewegung, sondern an das Weiterschaffen in einer bestimmten Richtung' (Mitzka 1970). Führung ist somit nicht nur Aktionsverursachung, sondern immer auch Bewegungssteuerung (*Wunderer* (Anm.65) 54)." *Paul* fügt hinzu: „Ist das Objekt ein lebendes Wesen, so liegt in *führen* gewöhnlich nicht das Hervorbringen, das Veranlassen der Bewegung, sondern nur die Bestimmung der Richtung (synonym *leiten*) (Anm.1) 299)."

67 Von Führung wird gesprochen, wo die Ausrichtung des Verhaltens eines oder mehrerer Menschen auf die Erreichung angestrebter Ziele bewirkt wird (*Charles Lattmann*, Mehrdimensionale Führungskonzepte: HdF 568).

68 Vgl. S. 113.

69 Vgl. *Albert Ziegler*, Theologische Aspekte der Führung: HdF 1942ff. – Grundsätzlich und kritisch: *Ansfried B. Weinert*, Menschenbilder und Führung: HdF 1427-1442. – Vgl. auch *Walter Paulsen*, Führen oder Ver-Führen? Eine Auseinandersetzung mit den Führungsmodellen im modernen Management. – *Franz-Xaver Kaufmann*, *Walter Kerber*, *Paul M. Zulehner*, Ethos und Religion bei Führungskräften (München 1986). – Zu dieser Studie vgl. *Ulrich/Thielemann* (Anm.2).

70 *Oswald Neuberger* zählt unter die „Machtwirkungen und Machtgrundlagen" auch: „Emotionale Beziehungen". Wer als Vorbild, Modell, Identifikationsfigur wirkt oder durch sein Charisma mitreißt, findet spontane Gefolgschaft, die keiner Überwachung bedarf, der vielmehr die Nähe zum Ideal genügt (*Oswald Neuberger*, Führungstheorien – Machttheorie: HdF 833).
„Die emotionale Kompetenz betont vor allem *Gerd Gerken*, Management by love (Düsseldorf 1990^2). Er schreibt: „Wenn die Wirtschaft mehr Produktivität will, dann braucht sie den Mut zu besseren sozialen Strategien, den Mut zum Management by love . . . Im Grunde ist Management organisierte Liebe zum Zwecke von Effizi-

enz und Gewinn (44)." Die Sprache weckt Bedenken. Eine „Liebe zum Zwecke von . . ." ist keine Liebe. Denn es gehört zum Sinn der Liebe, zwecklos zu sein. Man sollte ehrlicher und nüchterner von Mitmenschlichkeit, statt von Liebe reden. Auch inhaltlich werden Gerkens Ausführungen zu oft von der härteren Wirklichkeit Lügen gestraft, als daß sie glaubwürdig wirkten. Vgl. dazu *Weber* (Anm. 28). - *Beutter* (Anm. 7) 112f. - *Paulsen* (Anm.69).
Zum folgenden vgl. vor allem *Karl-Heinz Ditzer*, Führungsverhalten - ein wichtiger Aspekt einer Suizid-Prävention?: Militärseelsorge. Zeitschrift des katholischen Militärbischofsamtes 27 (1985) 7-27.

71 Das Humankapital stellen nicht die Mitarbeiter selber dar. Diese sind vielmehr Personen und Persönlichkeiten und nicht einfach Produktionsfaktoren. Wohl aber ist, was die Mitarbeiter an Fähigkeiten und Fertigkeiten besitzen und was sie, entsprechend motiviert, dem Unternehmen zur Verfügung stellen, der kostbarste, aber auch kostspieligste Produktionsfaktor des Unternehmens.
Der Produktionsfaktor ist also nicht der Mensch selbst, sondern seine Fähigkeiten mitsamt der entsprechenden Motivation. Insofern ist auch die Aussage des Papstes zu wenig genau. Er schreibt: „Es ist durchaus möglich, daß die Wirtschaftsbilanz in Ordnung ist, aber zugleich die Menschen, die das kostbarste Vermögen des Unternehmens darstellen, gedemütigt und in ihrer Würde verletzt werden (Anm.56) (Nr.35 (3) 78)." Vgl. auch *Hans von Werra*, Nutzung des Humanpotentials. Wertvoll an einem Unternehmen sind die Menschen: Management Zeitschrift 61 (1992) 40-44.

72 Es ist merkwürdig, aber auch bedeutsam, wie dauernd neue Vokabeln auftauchen, um jenen zu kennzeichnen, der die Führungsrolle wahrnimmt. Kaum hat man sich - wohl oder übel - an das Wort Leadership gewöhnt, spricht man bereits von Coach (wobei es dann schwer fällt, den Unterschied von Coach und Trainer genauer zu bestimmen).
Vgl. *Edwin Angst* und *Sandro Gianella*, ‚Coaching' - ein sportlicher Führungstil? Index. Fachmagazin Betriebswirtschaft 2 (1992) 36-37. - *Hildegard Jahn*, Was ist Coaching?: Management Zeitschrift 60 (1991) 54-56. - *Eberhard Hauser*, Coaching von Mitarbeitern: von Rosenstiel/ Regnet/Domsch (Anm.65) 198-206.

73 *Rolf Wunderer*, Kooperative Führung: HdF 1270f.

74 *Reinhard K. Sprenger*, Mythos Motivation - Wege aus einer Sackgasse (Frankfurt a.M. 1992[2]). - Zusammenfassend Reinhard K. Sprenger und Jürg Bühler, Mythos Motivation: ‚Stell dir vor, es gibt Arbeit - und keiner geht mehr hin...': Index 2 (1992) 30-33. Soweit Motivation ein Mythos ist, darf Motivation durchaus entmythologisiert werden. Dennoch bleibt es eine dauernde Aufgabe, sich selbst und die Mitarbeiter zu motivieren.
Vgl. dazu *Lutz von Rosenstiel*, Motivation von Mitarbeitern: von Rosenstiel/Regnet/Domsch 144-162. - Grundsätzlich *Jean-Pierre Wils*, Sinn und Motivation: Wils/ Mieth (Anm.19) 147-161.
Den Zusammenhang zwischen Führen und Motivieren gibt folgende Führungsdefinition: Führung sind die wahrgenommenen Anstrengungen zur Veränderung der Motivation oder Gewohnheit anderer (Bass 1960; bei *Rolf Wunderer*, Kooperative Führung: HdF 1265)."

75 Es ist merkwürdig, daß im Handwörterbuch der Führung (HdF) von 1987 noch verhältnismäßig wenig von „Führung durch Zielvereinbarung" gesprochen wird. Vgl. *Ralf-Bodo Schmidt*, Führung durch Zielsetzung: HdF 2083-2092. - Zwar spricht *Armin Töpfer* von der „Vereinbarung realistischer Ziele". „Statt einer einseitigen Zielvorgabe durch den Vorgesetzten integriert eine Zielvereinbarung die Rivalisierbarkeitsprüfung durch den Mitarbeiter: (HdF 656)." Allein der Zusammenhang zeigt, daß Töpfer lediglich an die Ziele des Unternehmens und noch nicht an die Lebensziele der Mitarbeiter denkt.
Zum umfassenden Begriff der Zielvereinbarung vgl. *Rolf Rüttinger*, Ziele der Mitarbeiter und Ziele des Unternehmens in Einklang bringen: AOK Management Kongreß (Kiel 1987) 82-98.

76 Wenn man im Mitarbeiter lediglich einen Roboter sieht, könnten „dessen Führungsformen und -beziehungen - auf techno-ökonomische Rationalität beschränkt - mit einem Personalcomputer leicht und zentral zu optimieren sein (*Rolf Wunderer* HdF 1271)."

77 Vgl. Duden (1) 71. - *Paul* (1) 108. -
Schon im Altertum mit seiner Sklavenwirtschaft gibt es (wenigstens theoretisch) eine „Führung durch Vorbild":

„Der Verwalter muß mit gutem Beispiel vorangehen, als erster wach sein und persönlich mit den Leuten an die Arbeit gehen. Er hat nicht nur zu befehlen, sondern so zu handeln, daß der Arbeiter ihn nachahmt. Er ist auch moralisches Vorbild durch seine Lebensführung. Er muß auch den Arbeitern zeigen, wie man eine Tätigkeit richtig und vorteilhaft ausführt (*Wilhelm Haltenstadler*, Geschichte der Führung - Altertum: HdF 1002)."
Zum Begriff des Vorbildes vgl. *Albert Biesinger/Werner Tzscheetzsch*, Vorbild: Bernhard Stoeckle (Hrsg.) Wörterbuch der christlichen Ethik (Freiburg i.Br. 1975) 257f. - *Albert Biesinger*, Vorbild/Modell: Hans Rotter, Günter Virt (Hrsg.) Neues Lexikon der christlichen Moral (Innsbruck 1990) 840-845.

78 Vgl. beispielsweise den Verhaltenskodex für das Schweizer Management: Schweizerische Gesellschaft für Management (Zürich 1982). - Als Beispiel des Leitbildes einer Non-Profitorganisation: Leitbild - verbandspolitische Grundsätze: Caritas/Schweiz (Luzern 1991).

79 Vgl. *Gilbert I. B. Probst/Peter Gomez* (Hrsg.) Vernetztes Denken. Unternehmen ganzheitlich führen (Wiesbaden 1989). Der Buchtitel legt die Vermutung nahe, die Herausgeber seien der Ansicht, „vernetztes Denken" besage schon ein „Unternehmen ganzheitlich" zu führen. Dagegen ist zu bedenken: Erstens ist die Vernetzung nicht schon Ganzheitlichkeit. Zweitens ist ganzheitliches Denken noch nicht ganzheitliches Führen. Vgl. darum auch *Hans Ulrich/Gilbert I. B. Probst*, Anleitung zum ganzheitlichen Denken und Handeln. Ein Brevier für Führungskräfte (Bern 1988). Darin: „Ganzheitliche Unternehmensführung" (255-288).

80 Vgl. Anm.12.

81 Zum folgenden vgl. vor allem *Oswald von Nell-Breuning*, Grundzüge 40ff. - Zum *Gemeinwohl* im besonderen vgl. *Walter Kerber*, Gemeinwohl: Staatslexikon 2 (Freiburg i.Br. 1986) 857-859. - *Walter Kerber*, Sittlich handeln unter dem Druck ökonomischer Sachzwänge (Anm.28) 242. - *Gemeinwohl und Eigennutz*. Wirtschaftliches Handeln in Verantwortung für die Zukunft. Eine Denkschrift der Evangelischen Kirche in Deutschland. Herausgegeben vom Kirchenamt der EKG (Gütersloh 1991). Dazu „Gemeinwohl und Eigennutz": Rückfragen - Kritik - Per-

spektiven zur Wirtschaftsdenkschrift der EKG: Zeitschrift für Evangelische Ethik 36 (1992) 192-202. - *Franz Furger*, Christliche Sozialethik. Grundlagen und Zielsetzung (Stuttgart 1991). - Darin „Das Person- und Gemeinwohlprinzip (134).

82 Vgl. *Josef Senft*, Subsidiarität - Prinzip zur Bewältigung von Krisen? Ein Orientierungsversuch im Rahmen katholischer Sozialethik: Rochus Allert u. a. Die Zeichen der Zeit erkennen. Lernorte einer nachkonziliaren Sozialethik (Münster 1988) 29-46. - *Pierre Pescatore*, Euopataugliches Subsidiaritätsprinzip? Ein Irrweg der Unionspolitik: Neue Zürcher Zeitung 14./15.9.1991 Nr.213. 34. Der Artikel zeigt gut, wie ungewohnt im französischen Sprachgebiet das Subsidiaritätsprinzip ist und wie viele Mißverständnisse in diesem Kulturbereich damit verbunden sind. -
Im Gegensatz dazu ist der Grundsatz in der föderalistischen Schweiz eine Selbstverständlichkeit. Vgl. dazu *Hanspeter Tschudi*, Die Sozialverfassung der Schweiz (Der Sozialstaat). Schriftenreihe des Schweizerischen Gewerkschaftsbundes (Bern 1986). Der ehemalige hochverdiente, sozialdemokratische Bundesrat schreibt: „Der freiheitliche und soziale Rechtsstaat soll das richtige Verhältnis einhalten zwischen dem Sozialprinzip, das heißt der Schaffung der Voraussetzungen zur individuellen Entfaltung durch öffentliche Einrichtungen einerseits, und dem Individualprinzip, das heißt der Eigenverantwortung und der Eigeninitiative, gestützt auf die Gemeinschaft andererseits. Eine Leitlinie für die Bestimmung des richtigen Masses liegt im Subsidiaritätsprinzip."
Dabei weiß der Politiker: „Es handelt sich um einen Grundsatz oder um eine Leitlinie, jedoch nicht um ein Patentrezept. In jedem Fall muß aufgrund der gegebenen Verhältnisse und Faktoren sorgfältig geprüft werden, ob der Einzelne oder das kleinere Gemeinwesen wirklich in der Lage ist, eine Aufgabe ausreichend und zufriedenstellend zu lösen (. . .) Diese Interpretation des Subsidiaritätsprinzips weist nahe Parallelen auf zur herrschenden Auffassung über den Föderalismus (78)."
Tschudi fügt mit Recht hinzu: „Eine Wurzel findet sich auch in der liberalen Staatstheorie. Das Subsidiaritätsprinzip ergibt sich aus dem Postulat größtmöglicher Selbstbestimmung. Demokratische Selbstbestimmung und politische Entfaltungsmöglichkeit sind für die Bürger um so größer, je mehr Entscheidungsgewalt bei niedrigen Gemeinschaften liegt (101; Anm.150)."

Man ist gespannt, wie die in der Vergangenheit stark zentralistisch geführten Länder mit dem Subsidiaritätsprinzip zurecht kommen werden. Bekanntlich sagt, wer Frankreich sagt, Paris; und wer Paris sagt, hat damit schon ganz Frankreich gemeint. Das alte, *Ludwig XIV* (1643-1715) zugeschriebene, aber unverbürgte Wort „L'état c'est moi", wirkt heute noch nach. Vgl. dazu *Georg Büchmann*, Geflügelte Worte (Berlin 1986) 325.
Aus evangelischer Sicht vgl. *Lachmann* (Anm.46) Subsidiarität: Marktgerechte Sozialpolitik (89-96).

83 Vgl. *Alois Baumgartner/Wilhelm Korff*, Das Prinzip Solidarität. Strukturgesetz einer verantworteten Welt: Stimmen der Zeit 115 (1990) 237-250. - *Hans Halter*, Altern und Solidarität als ethisches Prinzip: Charles Chappuis (Hrsg.) Altern und Solidarität (Bern 1992). - Darin: „Was ist Solidarität? (6-10).

84 Zumal das Subsidiaritätsprinzip wird immer wieder als Sondergut der katholischen Soziallehre angesehen. *Oswald von Nell-Breuning* hat sich immer dagegen verwahrt: „Das Subsidiaritätsprinzip ist seinem Ursprung nach *kein* ‚katholisches Prinzip'". Dabei weist er zum Beleg für den politischen Bereich - Abgrenzung der Staatstätigkeit und der Privatinitiative - auf den Präsidenten der Vereinigten Staaten *Abraham Lincoln* hin. Er hat (1854) dieses Prinzip folgendermaßen formuliert: „The legitimate object of government is to do for a community of people whatever they need to have done but cannot do at all, or cannot so well do for themselves in their separate and individual capacities. In all that the people can individually do as well for themselves, government ougth not to interfere" (*von Nell-Breuning*, Grundzüge 56f).

85 Vgl. *Pescatore* (Anm.82).

86 „Das Wort hat Konjunktur. Es ist in aller Munde. Und es bietet sich in der Tat an, um eine fast beliebige Vielfalt uneingelöster Verantwortungen zu reklamieren. Solidarität, das meint am Ende gar die Sache gesellschaftlicher Moral überhaupt. Solidarisch wird zum Synonym für human, sozial, gerecht. Der Begriff bedarf offensichtlich der erneuten Aufklärung *(Baumgartner/Korff* (Anm.83) 237)."

87 Zur sozialen Marktwirtschaft vgl. grundsätzlich *Walter Kerber*, Die soziale Marktwirtschaft im Licht der Sozialethik.

Überlegungen zum Verhältnis von Wirtschaftswissenschaften und Philosophie: Joachim Knaus und Paul Klemmer (Hrsg.) Wirtschaftliche Strukturprobleme und soziale Fragen. Analyse und Gestaltungsaufgaben (Berlin 1988) 15-24. - *Gerhard Schwarz* (Hrsg.) Das Soziale der Marktwirtschaft (Zürich 1990). - Vgl. *Alfred Schüller*, Die Soziale Marktwirtschaft in der Bewährung: Baadte/Rauscher (Anm.7) 71-89. - *Rich* II. - Darin: Ordnungsgestalten der Marktwirtschaft (260-317).
Auch *Lachmann* betont „die Notwendigkeit eines ‚Ausgleichs' zwischen den gesellschaftlichen Gruppen (Soziale Marktwirtschaft) (Anm.46) 111-118). -

88 Vgl. *Georg Winter*, Umweltschutz als Erfolgsfaktor: Management Zeitschrift 60 (1991) 37-41.

89 Nicht nur das ökologisch Richtige kann sich lohnen. Das ethisch einwandfreie Verhalten kann allgemein zu einem Erfolgsfaktor werden. Vgl. dazu *Jörg Kuhn*, „Das Gute rentabel machen" - Beispiele aus der Praxis: Freies Unternehmertum (Nr.163, März 1991) 1-2. - Daß der gute Ruf als moralisches Vertrauenskapital ein Erfolgsfaktor sein kann, zeigt EuM (40f). Grundsätzlich vgl. *M. Wörz* u.a. (Hrsg.) Moral als Kapital. Perspektiven des Dialogs zwischen Wirtschaft und Ethik. Dokumentation des Symposiums 5. - 7. Oktober 1989 (Stuttgart-Hohenheim 1990).
Zur Grenzmoral vgl. *Zsifkovits* (Anm.46) 177. - *Hans Willgerodt*, Grenzmoral und Wirtschaftsordnung: Soziale Verantwortung. Festschrift für *Goetz Briefs* zum 80.Geburtstag (Berlin 1968) 141ff. - Vgl. EuM 40f.
Für die Praxis vgl. auch *Seiler* (Anm.10). - Darin als Schlußkapitel: Marketing und Ethik (546-573).

90 *Cicero* nennt das Wort ein „abgedroschenes Sprichwort". - Vgl. *Büchmann* (Anm.82) 272.

91 Zum biblischen Begriff der „korporativen Persönlichkeit": „Den Namen 'Corporate Personality' brachte 1911 der Anglikaner *Henry Wheller Robinson* auf; und er wurde in der Folge auch von zahlreichen anderen angesehenen Exegeten übernommen, die - teilweise unabhängig von *Robinson* - zu ähnlichen Auffassungen gekommen waren (*Peter Henrici*, Bibel-Philologie und Bibel-Theologie: Orientierung 23 (1959) 214-217; hier 215)." Henrici bezieht sich auf *J. de Fraine*, Adam und seine Nachkommen (Köln 1962).
Zum heutigen Begriff der Corporate Identity und Ethik: Index 4 (1992) 8-12.

92 Zur Verwirklichung der Unternehmensethik können entsprechende Ethik-Seminare hilfreich sein. - Vgl. dazu *Dahm (Anm.14). Vgl. auch Emil Lux, Robert R. Blake und Anne Adams N. C. Kanse*, Ethik in der Wirtschaft: Management Zeitschrift 60 (1991) 94-96.
Zum Begriff der Unternehmenskultur vgl. *Ulrich W. Wever*, Unternehmenskultur in der Praxis. Erfahrungen eines Insiders bei zwei Spitzenunternehmungen (Frankfurt a.M. 1989). - *Helmut Schneider*, „Vertrauensbildende Maßnahmen" als Komponenten der Unternehmenskultur: Management Zeitschrift 61 (1992) 27-29. - *Rolf Bögel*, Organisationsklima und Unternehmenskultur: von Rosenstiel/Regnet/Domsch (65) 500-506.

Zum Begriff der Corporate Identity: *Rolf Wunderer/Josef Mittmann*, Identifikation: HdF 1085-1097. - *Werner R. Müller*, Identität und Führung: HdF 1097-1109. - *Alfred Kieser*, Loyalität und Commitment: HdF 1345-1356. - *Karl Wilhelm Dahm*, Ethischer Dialog und berufliche Identifikation von Führungskräften: International Management Symposium (Hrsg.) Corporate Dialogue (St. Gallen 1990).

Zum Begriff der Personalentwicklung: *Stephan Laske*, Personalentwicklung als Führungsmittel: HdF 1656-1668. - *Kurt Steuber*, Mit Menschen Ziele erreichen. Personalpolitische Elemente, Gedanken und Erfahrungen (Basel 19872). - *Hugo Tschirky/Andreas Suter*, Führen mit Sinn und Erfolg. Eine Wegleitung zum gesamtheitlichen Führungsverständnis in der Praxis (Bern 1990). - *Hugo Tschirky*, Sinn - eine neue Dimension der Führung: Management Zeitschrift 60 (1991) 27-30.